吉野川と徳島の風景

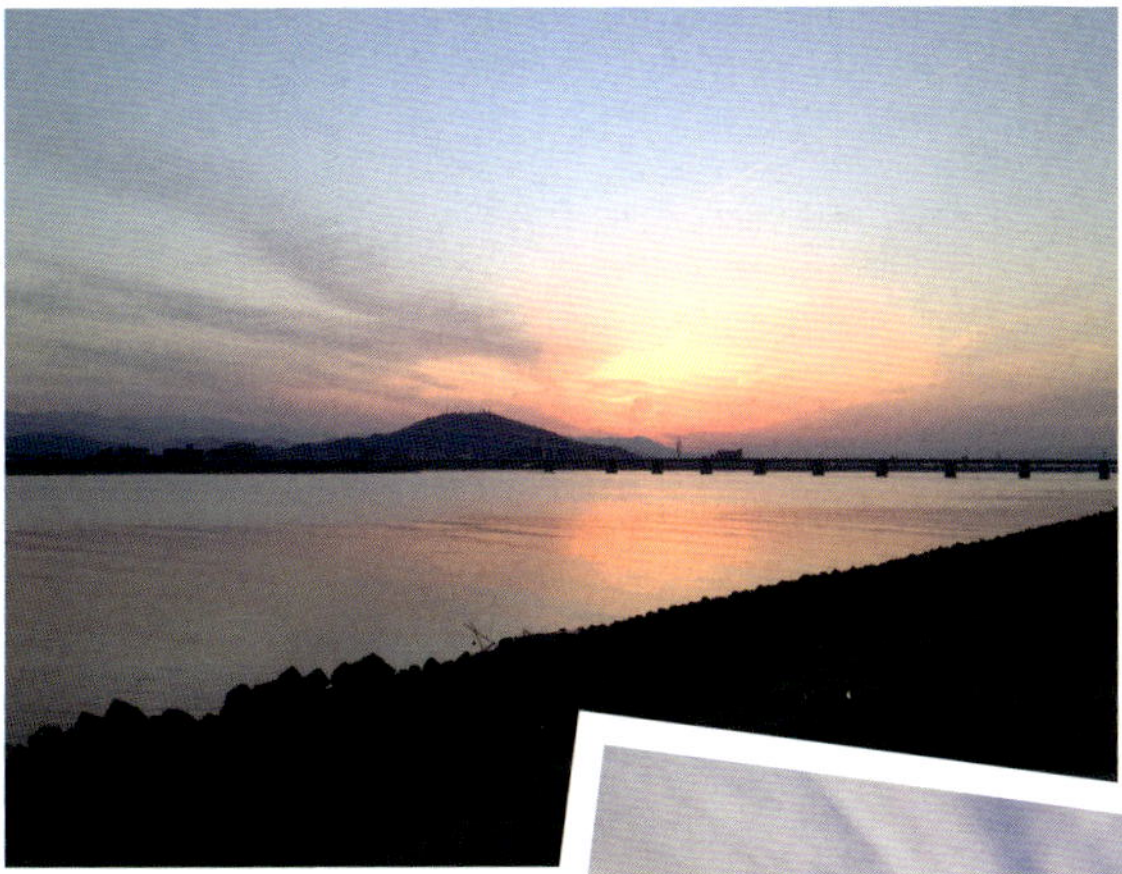

善入寺島へ渡る川島橋より高越山を遠望

第10堰全景パノラマ

巡礼の駅にある「カフェ聖」

数多くの貴重な展示物

自然栽培で作った芋ほり

ベトナム・ホーチミンにおけるイベントで阿波踊りを披露

秋の文化作品展　菜の花フェスタ

大麻比古神社（鳴門市大麻町）の神饌田

吉野川に生きる

ふるさと徳島を愛し、郷土に生きる人々の横顔

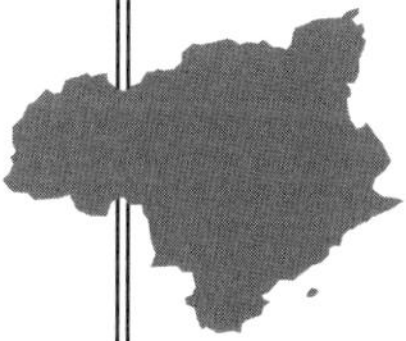

吉野川に生きる会／ブレインワークス 著

カナリアコミュニケーションズ

はじめに

２０１２年、懇意にしている後藤会計事務所の紹介で神戸、大阪、東京に展開するブレインワークス社の近藤社長と知り合った。その出会いにより私は「活字を通してビジネスを展開する」という考えを知ることになります。そのことが吉野川の素晴らしさ、阿波の歴史の奥深さを伝え、それがまち興し、地域興しにつながることも知ることができたのです。

私たちの活動母体となる「特定非営利活動法人 吉野川に生きる会」は２０１０年６月に設立されました。吉野川は徳島県、高知県、愛媛県の三県を流れる河川であり、四国山地を横断して、最終的に紀伊水道に辿りつきます。「吉野川に生きる会」は、この吉野川流域で生活する人々が中心となり活動を行っています。

「吉野川に生きる会」の活動目的、活動分野、活動概要は次のとおりです。

【活動目的】

吉野川流域住民に対して、美しい吉野川とその流域の自然を壊すことなく、吉野川の恵みである農林水産物を活用した産業や歴史と文化を基盤とした観光事業を起こすことを提案、推進する。これらの活動を通じ住民が一体となり、親切で潤いのある社会をつくることを目的とします。

【活動分野】

社会教育・まちづくり・学術・文化・環境の保全・経済活動の活性化・雇用機会

【活動概要】

（1）吉野川流域の清掃事業
（2）地域の生涯教育事業

（3）菜の花とその他植物の耕作事業
（4）農林水産物の加工販売と支援事業
（5）歴史教育と地域観光事業
（6）公共施設の管理代行事業
（7）文化・イベントの事業

これらの活動の中で大切にしていることは「つながること」です。ともすれば自己満足に陥りがちな地域活動やＮＰＯ法人の活動から、さらに広がり、もっとつながることで、自分たちの住む地域をさらに理想に近づけることができると思っています。そうすれば、感性と志の合う人たちとの接点が生まれ、広がると考えています。

本書が発刊され、全国の徳島県人会や全国各地（特に北海道には明治から大正にかけ西日本一の多くの開拓者が現地に赴いた）の徳島出身の方、ご先祖が徳島に関係のある方々とつながりを持つことができればこんな嬉しいことはありません。また、少子高齢化による一次産業の衰退、地方の衰退を地域同士がつながりあうことで、Ｉ・Ｊターンにおけるシニアの活躍の場を創り出し、それに併せて若者や外国人も集まり、日本全土が活性化してゆくことこそ私たちが追い求める夢です。今、その想いはさらに加速し、確信に満ちた想いへと進化を遂げているところです。

徳島を愛し、吉野川を愛する方々の想いを皆さんに届けることができれば望外の喜びです。

特定非営利活動法人法人・吉野川に生きる会　代表理事　島勝伸一

もくじ

第1章

このすばらしい吉野川で
どう生きて、何を残して死ぬか

島勝伸一

第二の人生をどう生きるか

私は徳島県美馬郡郡里町の山間部で昭和22年に生まれ。団塊の世代と呼ばれる日本史上最多、戦後日本を象徴する世代で現在68才になります。山間部で育ち、父が病弱のせいで戦役には行かず、戦争の影響はほとんどありませんでした。物心ついたころは戦争の面影もなく、何不自由なく育ちました。その頃は、お辺土さん（多くは傷痍軍人や戦争で家族を失ったり、離散した方達）といったお遍路さんがよく門付けを求めて家に立ち寄っていました。私の家の隣には、浄土真宗のお講が行われる説教所がありそこをお辺土さんの宿に使ってもらっていました。おばあちゃんは夕食ができたらお接待するのですが、私はお辺土さんの話を聞くのが好きで食事を運ぶ役割を喜んで担っていました。

山間部で幼稚園、小学校、中学校を終え、高校は吉野川のすぐそばにある脇町高校に進み、自転車通学を1学期だけであきらめ、吉野川が眼下に見える民家に自炊で下宿させてもらいました。大学は60年安保の真っただ中で、休講続き、アルバイトに精を出し、貧乏学生生活を過ごしました。大学で学んだことは「消費者志向のマーケティング」、これだけしか残っていません。ちょうど、戦後の物不足時代が終わり、消費者に主権が移り始めたころで三次産業の流通やサービスが主導権を握る時代へと転換する時代だったと思います。

昭和48年結婚し、49年から義父の関係のスーパーマーケット経営に携わるようになりました。その頃から、加工食品添加物に関するさまざまな問題が顕在化されてきました。サッカリン問題、ＡＦ２問題など。その数十年前までは、加工食品に化学調味料や食品添加物などは使われていません。ひとつひとつが自然との循環の中で作られた食材で、真に自然との共存の食と暮らしが日本にはあったのです。

昭和59年そのスーパーマーケットが全焼し、再開まで2年の歳月を要し、地元商店街の要請を受け、裁判所の仮処分命令で、私が経営をすることになりました。その頃では珍しい、近隣の農家、漬け物業者、味噌、醤油など加工業者などから直接出品納入スタイルを一部取り入れた地元密着の経営を目指しました。ただ、多くの商品が流通の変化で、大量消費大量買い付けに有利な価格中心の競争が始まり、スーパーマーケット経営の将来に不安を感じるようになったのです。それでも、平成2年度の売上は、火災前を抜き、1200㎡の店で年商22億円を突破しました。食品や洗剤などの内容や流通形態が急速に自然界の循環から離れていくのを目にしながら、心のどこかで生産・・・つまり一次産業から離れている自分に疑問を感じつつ、平成3年までスーパーマーケットを経営していたのです。

その年、義父との経営方針の違いから、職を辞し塾経営をスタートさせます。ちょうど団塊第2世代が大学進学する時期とバブル経済が重なり、大学進学の部屋探しが大変なことを知り、その解決方法として「全国アパートマンションレンタル情報ネットワーク(アマレンネット)」という全国の不動産業者を訪ね、約400社のネットワークをつくり学生を送り出す親御さんが安心して住まいを選択できるようにしました。それも首都圏と地方を結ぶだけでなく、地方と地方も結んだ。それが現在のアパマンショップネットワークのアマレンネット受送客システムとして採用されている顧客の相互送り出し、受け入れ事業を始めました。これを機に不動産業の資格を取得し、「ありがとうございます株式会社」を起こしました。その後、その会社は息子達に経営を引き継ぎました。

平成19年、還暦を迎え第二の人生はどんな生き方をしようかと考えました。今までは自分たちのためだけで物事を考えていました。しかし、これからは「自と他を半々でいこう」という仏教の教えに従ったのです。それが、今につながる「ものづくり」「生産活動」への第一歩となったのです。その頃、川島町商工会から「六次産業の勉強会に参加しないか」との誘いがあり、行ってみると、なんと毎晩通う「鴨の湯温泉」で会う顔見知りの安﨑吉英さんと出会うことになったのです。平成19年から3年間、さまざまな学びの中で、たくさんの町おこしを実行している方々との出会い、また研修旅行では六次産業によって町おこし、地域おこしを成功させている実例を目の当たりにしました。

なかでも一番刺激を受けたのは四万十川を中心とした地域おこしでした。

四万十にあるのは数種類の農産物、山で採れる栗などと沈下橋。水の清らかさも毎年吉野川が四国一の清流と発表されているのに、四万十は「最後まで残った清流」というキャッチコピーを使っています。これを見た時、「これなら吉野川の方がすごい。吉野川ならもっとすばらしいことができるかもしれない」との思いが湧き上がったのです。

「吉野川に生きる会」の誕生

それから吉野川についての勉強を始めます。知れば知るほど、吉野川の素晴らしさ、人や自然、歴史への影響力に驚きます。例えば、源流は高知県瓶が森、そして途中で愛媛県からの銅山川と合流し、香川県へ分

河口より82kmの池田ダム

水しています。四国四県を繋ぐ大河です。そして源流から河口まで全長194km、しかも池田ダムから河口の徳島市川内に至る82kmが真西から真東へ直線で流れる日本でも類をみない川なのです。東から日が昇り西に沈むまで、日照時間は他のどの地域より長い。また、この82kmの高低差が約80m、なんと1000分の1の傾斜で、ものすごく緩やかな流れ。また、その瓶が森からの上流112kmの高低差は1100m、傾斜角は約100分の1の急流で、ラフティングの名所として知られるようになったほどです。そのため、多雨で有名な四国山脈の森の栄養豊富な土砂で堆積平野ができ、また、川の両岸とも日照時間が長く肥沃な土地と太陽の恵みを受けてきました。地質も中央構造線の南側は太平洋プレートが隆起したマグネシウムをたっ

吉野川源流瓶ヶ森

ぷり含む大地で、堆積地層のため山頂まで水脈があり植物の繁殖、農林業にも最適の大地であることを知りました。

また同時にそのころ、大変興味深い書籍に出会うことになります。三村隆範氏の『阿波と古事記』である。この本に出会い、かつて『邪馬壱国は阿波だった―魏志倭人伝と古事記との一致』（1976年発刊）という本を読み、感銘を受けたことを思い出したのです。

三村氏は本の中で、ヤマト政権のスタートは阿波の国であるといいます。なぜなら、日本最古の前方後円墳は阿波にあり、それは吉野川流域の青石を使った積石塚であるからです（徳島大学考古学教授北條芳隆先生）。その後、都は奈良に移り、大型の前方後円墳が造られるようになるが、やはり石棺の蓋には阿波の青石が使われています。また、新旧吉野川から勝浦川、那賀川、宍喰川まで阿波には、古事記の中の神話に登場する舞台も神社も全てがそろっているとも述べています。

イザナギとイザナミの間に生まれたとされるオオゲツヒメは『古事記』にお

いて粟国（阿波国）の国神であり、その神話によると養蚕、五穀の起源でもあります。つまり日本最古の農業神なのです。政権を成し、統治する勢力があったとするならば、それは吉野川を中心として発達した農業が支えていたと考えて間違いないのです。

古事記をもとに繰り返し語られてきた阿波の歴史とそれを支えた偉大な吉野川。ここに生きる私たちは、もう一度大自然の循環の中の農業という人の根源を成す視点から吉野川を見直し、さらに、この地を見直すことができるのではないかと考えました。そして、この素晴らしさを多くの人と共有し、広めていき、世界中から観光客が集まる地域にしたいという想いも募ります。

また、私たち人間は、往々にして自分が自然の一部だということを忘れてしまいます。例えば私たちは大気を呼吸しているが大気は人間が製造したものではないから「生かせてもらっている」のです。私たちは、空気に含まれる酸素の割合が減ってくるだけですぐに「高山病」という病気になる。酸素は自然界の植物が生み出しているものですから、私たちはこの自然界とまさに一体であり、その一部であることがわかります。そのことに感謝して生きていくのが本来の人間の生活法であったのが、いつの間にか「人間は科学技術の力で何でもできるから、自然を道具として、他の動物たちを従えて、自分たちだけが発展できればよろしい」という西欧キリスト教文明に染まってきたのです。そこで、本来の和（やまと）文化、自然の恵みに感謝畏怖し、今までのライフスタイルを転換し、自然と共生する社会づくりの嚆矢となろう…そんな思いで、平成22年6月に、NPO法人吉野川に生きる会を設立しました。先述の安﨑さんも大賛成してくれました。

一次産業と他の産業のネットワークをつくること

「吉野川に生きる会」における農業方針は「吉野川の自然環境を壊さないよう、自然の恵みに感謝する農業をやっていこう」「阿波の歴史・文化で観光を活性化しよう」という目標を立てました。人間に合わせた土地利用をするのではなく、自然界の循環法則に合わせた農業を基本姿勢に模索を始めたのです。

その数年前に木村秋則氏の『奇跡のリンゴ』を読んでいたところ、コンサルタントの土居功先生から紹介された人物が実際に木村式農法を実践している岡山・倉敷の高橋啓一さんだった。木村式農法で育てた稲の見事さに感動し、この農法で作物をつくることにしたのです。吉野川には菜の花が似合うし、初めての農業でも、自生するほど環境に適した作物ならつくれるだろうという理由から菜の花栽培を始めたのです。花は見て楽しみ、ハチミツを採り、種からは油を、殻は焼いて釉薬に使おうと4度美味しい計画を立てます。しかし、なぜかミツバチはこのナナシキブというF1種の花には寄ってこない。この謎が解明されたのは、翌年に始めたコメ作りの後のことでした。

コメは昭和40年ごろまで西日本で広く栽培されていた「うるち米あけぼの」を選びます。昭和45年以降、日本は生産調整により、品種改良が進み、より甘い、もちもちとしたコメがつくられるようになります。しかし、あえて、日本人がもともと食べていた晩成種、硬質米を選んだのです。

収穫後、半分は飯米で販売したが、残り半分で酒を造ることにした。コメは次の春になると古米になり価格が急落します。そこでコメを加工することで、付加価値の高い酒を選んだのです（もちろん私が酒好きということもあるが）。ところが、初めてのコメづくりを引き受けてくれる酒蔵が見つからない問題が発生。「泡盛で阿波を盛り上げる会」という、泡盛と徳島の地酒を飲みながら沖縄と徳島を結び徳島を活性化しようとしている笠井栄二さんの会で鳴門鯛松浦素子社長に出会い、お願いすると即快諾していただき、まずは第一歩を踏むことができました。そして、その結果は大成功。若い自社杜氏松浦正治氏は、「コメを仕込んだときは、固くて溶けないのではないかと思ったが、逆に良く溶け、酒粕は少なく、18・3度と高いアルコール度数で、コクがあり、どっしりとした良い酒に仕上がった」と言ってくれました。本来あるべき姿のコメと残留農薬が全くないコメなので、酒を造る微生物が活発に活動をしたのではないかと思っています。そして、この、無農薬の米ときれいな水と微生物とそれを引き出してくれた鳴門鯛の皆様に感謝して「純米ありがとう」と命名し、何も足さない引かない純米原酒として売り出したのです。その後、その時の酒粕を「もったいない」と命名し、酒粕焼酎ができると小泉武夫先生のアドバイスで石井町の鳴門金時情留所の元木明彦社長にお願いし、研究の末「本格焼酎もったいない」が誕生することになります。単に米を売るのではなく、酒にすれば米の生産者から毎年手堅い金額で買い上げることができるということまで考えてのことでした。農家の苦労が報われ、農業人口が増え、農業が栄えて国土が荒廃しないでほしい。水田は保水力があり、地球温暖化や生物多様性社会に大いに貢献できる。そんな思いで活動をしています。

また、ここ数年ブームである六次産業化は一次産業に従事する人たちがコストをかけて無理をして商品をつくったりすることではなく一次産業が他の産業と連携してネットワークで事業をつくることだと考えています。一次産業、一次産業、三次産業がつながれば、それぞれの産業で積み上げてきた知識と技術を活用し、お互い譲り合って成果を分け合う。そうすれば持続可能な再生産体制ができると確信しています。

そこで、さきほどの菜の花を紹介します。このナナシキブの花は、体に良いとされるオレイン酸を多く含む油が取れるよう、品種改良されたものです。人の都合で自然の形を変えたものに、ミツバチという小さな生き物は敏感に反応したのでしょう。その事実に気が付いた時、『地球46億年全史』のある一文が胸に迫りました。私たちの、一次産業への取り組みと生き方は、地球の営みに合わせた生き方でなければいけないのではないか。「この偉大なる生命の星・地球は、プレートの配置の結果が、海洋や山、陸地等の地質を決め、気候を決め、生物の生態全てを支配し、全ての文化全体が地質の影響を受けている。例えば、日本は巨大な沈み込み地帯の辺縁部にあるのだから、建物でいえばコンクリートより昔ながらの木と紙の家の方が適している。ひょっとすると、八百万の神を信仰する神道は、落ち着かない地球をなだめる方法を人々に教えていたのかもしれない」と。

すべてと共生する生き方を

私達はこれからも、大自然を人間の幸せのためだけに利用するのでなく少し我慢をして、他の全ての生き物、地球や微生物等とも折り合いをつけ、すべてと共生する生き方をしていきたいと考えています。

観光分野では平成26年に高野山で「巡礼の駅」という巡礼さんをお接待している田中儔樹さんから、この「忌部の里会館」を四国一番の高野山開基1200年記念に「巡礼の駅」にしてほしいと協力を頼まれました。幼少期にお接待をした記憶が蘇り、その上この地域は弘法大師空海88ヶ所発心の道場であり、空海が若いころ建てた阿波市大野寺から日本最大の川中島「善入寺島（大正初めまでは粟島）」を渡りイザナミ命が葬られたという黄泉の国高越山へ通った通路でもあり、協力することにしたのです。旧川島郵便局を改装し「四国一番巡礼の駅・Café 聖」で接待文化による町おこしを始めました。実現に際しては、会計士である後藤次郎先生に多大な支援と運営指導を頂きました。

もうひとつ忘れてならないのが、土壌菌から学んだバイオで、人間や家畜の屎尿を地産地消（発生現場で水に還元し、地下下水道をなくす）する技術を開発した鈴木實氏との出会いです。私も、農業で土壌菌の凄さを知らなかったら気付かなかったと思います。

今の下水道システムは約１００年前にヨーロッパで考案されたもので、便器から水で流したら目の前はきれいになりますが、下水道を通って何㎞も先の浄化センターに行きます。そこで、「活性汚泥法」という嫌気性菌と好気性菌を別の槽で働かせ汚物を沈殿させ、上澄み液を滅菌し、海へ流す方法です。沈殿した汚泥は石油で燃やし固め埋め立てます。地下の下水道は東京23区だけで最大直径８・５ｍのものが１万５８００㎞、なんと東京・シドニー往復の距離に達します。ちなみに、四国だけでも吉野川の総延長の１００倍の下水道が埋まっています。埋め立て地も少なくなり、陥没事故も多いですが、地震などあると寸断され、トイレパニックがおこり、復旧には数年と莫大な費用がかかるのです。

自然の川や海では水草や海草に住みついた微生物が有機物を食べて浄化する自然界の循環システムがあるのですが、ＰＧＳ式バイオマストイレは水草の代わりにバイオファイバーという化学繊維でできたバイオの住み家をつくり、好気性・嫌気性両方の菌が住み着き同時に働くため、汚泥が出ないという大発明なのです。つまり、以下のようなメリットが享受できます。

1. 汚泥処理のための石油が不要
2. 発生現場処理で長大な地下道（総工費の地下道経費が90％）も不要
3. 浄化した水は循環してトイレ洗浄水になる
4. 無臭、災害にも強い
5. 社会資本投資も新設、更新共に少額ですみ、メンテナンスも簡単

日本のような地下下水をつくりにくい複雑な地形や細かく区切られた地域に

は最適のシステムです。この下水道産業を根本から揺るがすほどの大発明を国は承認していないそうです。実績は少数ですが富士朝霧高原トイレは便器数126基の世界最大のバイオマストイレです。9年間故障なしで50万回使用されており、汚泥は年間スーパーの買い物袋1杯程度で、便所臭が全くありません。西日本では、岡山県津山市横野滝公園トイレです。便器数8基、1日利用客200人の設計で3年経過した現在300名分を浄化するなど、微生物が環境に適応して性能アップすることも分かりました。四国では、しろとり動物園に採用され、浄化した水は、カバのプールや園舎の清掃用に循環再利用されています。

この浄化槽を設置しようとして、今の下水利用や合併処理槽と比較すると少し高いように見えますが、全体的に見て、将来を考えると以下の点が強調できます。

1．工事費の90％を占め地下下水道工事費用が不要

2. 汚泥処理費用が不要
3. 水の再利用でき、資源の無駄遣いを解消（飲める水で便を流す等）
4. 災害時の被害減少（地震による地下道破損、洪水など）
5. メンテナンス労力、費用を削減
6. 将来の更新費用など

つまり、莫大な経費節減と、省エネによる環境破壊、地球温暖化阻止に貢献できるものと思います。

さて、ここまで順調にいっている実績ばかりを述べましたが、平成23年に開館した空海写真美術館は大失敗に終わりました。「吉野川に生きる会」は安﨑夫妻、坂本夫妻、北原利治さん、一條和明さん、寒川正陽さん、吉本豊英さん、ほかたくさんの方々の尽力で運営されています。メンバーの方々には心から感謝しています。

第2章

偉大なる吉野川

—歴史を語る吉野川橋—

後藤会計事務所　公認会計士・税理士
後藤 次郎

はじめに

吉野川橋が架橋工事された昭和元年前後は歴史的に大激変時代であった。大正12（1923）年9月1日午前11時58分に関東大震災が発生した。相模トラフ沿いの断層を震源とするマグニチュード7・9の大地震であった。南関東で震度六、死者、行方不明十万五千人余り、住居全壊10万9000余、焼失21万余に及び京浜地帯は壊滅的打撃を受けた。

大正14（1925）年には治安維持法が施行された。また、中央放送局NHKによるラジオ放送が開始された。この年の徳島県の人口は68万9814人であった。

昭和2（1927）年には第一次世界大戦の軍需景気も終わり、関東大震災の煽りを受け、金融恐慌になった。信用不安から取り付け騒ぎが起こり、銀行の休業が続出。時の政府はこの時初めてモラトリアム（支払猶予）を実施した。

現在のモラトリアムが実施された経済情勢とは比べようがない程、破局的であった。我が県でも徳島銀行（現徳島銀行とは別会社）が休業に追い込まれ、県内企業では労働者の賃下げや解雇通告が続発した。これに対し賃下げ反対ストライキが頻発した。また、各地で小作争議が発生したのである。

昭和３（１９２８）年には25歳以上の男子による衆議院議員の最初の普通選挙が実施された。小林多喜二が『蟹工船』を発表した。県内では労働組合や農民組合が相次いで結成された。徳島銀行は阿波商業銀行へ営業譲渡した。

昭和４（１９２９）年になるとアメリカ

の株価大暴落によって世界的規模の経済恐慌（世界大恐慌）が始まった。

昭和5（1930）年、我が国は輸出が激減し企業倒産の増発、人員整理、失業者増大し昭和恐慌が始まった。県内では徳島市役所が全焼し、徳島県庁新庁舎の新築落成があった。

このように吉野川橋の架橋があった時代背景は地球的規模で異常であった。この後、昭和6（1931）年の満州事変、昭和7（1932）年には犬養首相が射殺された五・一五事件、上海事変、昭和8（1932）年には国際連盟脱退と日本史上を騒がした事件が相次いで勃発する。この頃、ドイツ

ではナチス政権が成立。アメリカではニューディール政策が開始された。

昭和11（1936）年には二・二六事件が発生する。昭和16（1941）年には日ソ中立条約が締結し、その年12月8日午前3時に米国太平洋艦隊に対して日本海軍の航空機、特殊潜航艇がハワイ真珠湾（パール・ハーバー）へ奇襲攻撃を敢行し、太平洋戦争が始まったのである。

眉山

私たちは数えきれない程、吉野川橋を渡った。橋の背景から眺望する徳島市のシンボルである眉山の東西になだらかな稜線は美しい女性の眉のようである。山頂からは徳島中心市街地、吉野川、吉野川橋、遠くは淡路島や和歌山の紀伊山地を眺望することができる。頂上までのドライブウェーには賀川豊彦の文学碑「死線を越えて」がある。また、さだまさしの小説『眉山』が平成19（2007）年に松嶋菜々子主演で映画化されたのは記憶に新しい。

眉山は標高290mあり、名の由来は万葉集に詠まれているからと言われている。奈良時代末期頃に編纂された日本最大の古典である万葉集にこう詠まれている。

「眉（まよ）のごと雲居に見ゆる阿波の山かけて榜船泊知らずも・舟王」

舟王（ふねのおおきみ）は舎人親王の子で淳仁天皇の兄である。万葉集に四首の歌を残しており、この歌は天平6（734）年春三月（やよひ）、聖武天皇の難波行幸に従駕した時の歌である。眉のように遥かに見える阿波の山、その山を目指して漕ぐ

船、停泊する港はどことも知れないのである。

モラエス

　眉山山頂にはモラエス館がある。ポルトガルのヴェンセスラウ・デ・モラエス（１８５４―１９２９）は吉野川橋架橋の翌年、昭和４（１９２９）年７月１日に死去したが、橋を渡ったのだろうか。工事期間中に見学に来たことはあるだろう。

　モラエスは愛するヨネの死後、大正２年にヨネの故郷徳島へ移住した。徳島市伊賀町の四軒長屋でヨネの姪コハルと暮らしていたがコハルにも先立たれ、晩年は西洋乞食と蔑まれ、孤独の内に昭和四年、阿波の片田舎に骨を埋めたのであった。吉井勇は「モラエスは阿波の辺土に死ぬるまで日本を恋ひぬかなしきまでに」と詠んでいる。

在日25年間の内、17年を徳島の伊賀町で暮らし、徳島を紹介するエッセーをポルトガルのリスボンで発表した。その作品は『おヨネとコハル』『徳島の盆踊』『日本精神』『日本夜話』等である。

モラエスが遠出をする時には四軒長屋の住人でジロウという40歳年下の友人が道案内をしていた。ジロウの英単語混じりの会話が役立ったのである。

モラエスは日本の美しい文化や伝統が失われていくのを「西洋文明の移入が日本の芸術を蝕みつつあり、今や悲しむべき困窮状態に立っている」と心底嘆き憂いた。心を癒し浄化してくれるのは長屋の小窓から見える綺麗な山水画のような眉山であったのである。「日本精神よどこへゆく」と悲しみつつ、モラエスはヨネとコハルが待つ夢幻世界へと旅立ったのである。

渡し船と賃取橋

吉野川に橋が架橋されるまでには大変な歴史的過程があった。今から386年程前の寛永年間（1624年頃）、藩主・蜂須賀忠英の時代から明治初年頃まで渡船設備や賃取橋があった。寛永年間から続いていた渡しの中で、鈴江の渡しは昭和初期まであり、古川の渡しは明治19（1886）年、沖島村（現徳島市川内町）の豊川仲太郎が現橋より200メートル程上流に橋長818m（内舟橋100m）、幅員1・8mの木

橋の賃取橋を架設したので廃止になった。吉野川橋の北岸取り合い付近に仲太郎を頌徳する碑が建立されている。

その他、旧別宮の渡しは享保十（1725）年から昭和3（1928）年まで私営で行われていた。また、農地開拓のための鶴島作業渡しは時期不明であるが江戸時代から昭和30（1955）年まで農作業用の渡し船として存在していた。戦後、発動機船や車社会になるまではリヤカーや大八車で櫓漕ぎの平舟を利用する方が便利だったのである。

宮島の渡しは文化十二（1815）年から明治15（1882）年頃まであり、天気が良好時のみの渡船営業であった。鶴島の渡しは明治13年から37年まで私営の渡し船としてあった。大正7（1918）年には鶴島巡航船ができた。これは私営の発動機船であったが直ぐに経営不振で廃止になった。昭和3年には発動機船による県営渡船で別宮の渡しが運航し昭和19（1944）年まで続いた。同じく個人の平舟の巡航船が昭和初期から20年頃まで運航されていた。

吉野川橋の架橋

滔々と流れる四国三郎吉野川河口に、今から86年前に吉野川橋は架橋された。大正14（1925）年11月起工、昭和3（1928）年12月竣工、総工事費144万円（橋梁工事費113万円、取り合い道路・鯛浜橋その他31万円）を費やし、橋長1071m、有効幅員6・06mの曲弦「ワーレントラスト」橋は当時東洋一であった。工事費の4分の3は国庫補助金、残りは県債を募集した。本橋の現場職工人夫数は鍛冶工、鳶職、石工、鉄筋工、左官、

潜水夫、ペンキ職等計6万7745人、鯛浜橋・取り合い道路工事等を含めると計8万6984人の人夫が工事に従事したのである。

地質調査では川底から7・5m程は浮砂のため橋脚を深くする必要があった。取り合い道路は吉野川橋から八幡神社前までの800m程を道路幅13mに広げ、県下一の近代的道路となった。当時、南岸の徳島市上助任から北岸の応神村にかけて架橋された吉野川橋によって鳴門、淡路島経由で神戸へ至る主要連絡道路になったのである。

吉野川は全長194㎞あり、源流は愛媛県と高知県境の沢が合流する標高1200mの地点にある。それは瓶ヶ森（1896m）と西黒森（1861m）との間から白猪谷渓谷と名野川が合流して吉野川源流が誕生した。しかし、そこから6キロ下流に長沢ダム（ダム式発電所）が昭和24年に建造され源流周辺の川は死んでしまった。従って実質的源流はその下流からである。そして大歩危、小歩危峡を経て徳島市内を流れ紀伊水道へと注いでいる。

与謝野鉄幹・晶子

与謝野鉄幹（寛）（１８７３—１９３５）・晶子（１８６７—１９４２）夫妻は昭和６（１９３１）年10月25日に東京を立ち、神戸を二十六日零時に発し、第十八共同丸で徳島小松島港へ早朝に入港した。御夫妻は午前中、徳島市内見物をした。

午後、晶子は徳島県女子師範付属小学校で開催されていた徳島小学女教員大会で「女子と人生の意義」について講演をした。夜は歌会に参加した。26日に十郎兵衛遺跡を訪ねていることが27日の徳島日日新聞に

掲載されているので吉野川橋を渡ったのである。27日午前中は旧徳島城内の図書館で過ごし、午後は佐那河内村の渓谷を探訪した。夜は鉄幹、晶子が徳島師範学校で講演をした。晶子の演題は「女子の独立」であった。講演終了後、料亭で阿波踊り見物をした。

翌日、鳴門へ行った。徳島滞在中に晶子は五十三首の短歌を詠んでいる。

「是なるは四国三郎川上につらなるものか山五十ほど」
「阿波の国水たたへたる大川の三つ並べるがみな吉野川」

28日、鳴門高等女学校で講話をした後、舟で渦潮見物をした。夜は歌会に参加した。29日朝、土御門上皇（1231年に阿波で没す）の御陵跡を参拝し、車で逢坂峠越えして香川県へ向かった。

高松では29日午後、屋島山上へ登った。30日は女学校等で講演をし、栗林公園、高松市内見物をした。31日朝、琴電で琴平へ行き、金刀比羅宮を参拝した後、女学校で講演や善通寺を参拝した。11月1日、汽車で川之江へ行き、女学校で講演をした後に四国の真ん中池田へ入り、吉野川上流の大歩危・小歩危渓

谷美を堪能したのであった。翌日松山へ入り、女学校や師範学校で講演し、4日の夕方、汽船で神戸港へ向かった。

四国への10日間の旅で鉄幹は百四十九首（内徳島で六十五首）、晶子は百二十九首（内徳島で五十三首）の歌を残している。その中で吉野川に関する歌を探すと、鉄幹は無く、晶子が二首ある。完成したばかりの東洋一の吉野川橋に関する歌は残していない。歌心が湧かなかったのであろうか。

あれから79年が経過した、平成22

（２０１０）年10月17日、小松島に「与謝野鉄幹・晶子の歌碑を建てる会」の有志の熱情によって歌碑が建立された。鉄幹・晶子の四国への文学旅行の出発地にやっと歌碑ができたのであった。小松島市ミリカホール前の歌碑には御夫妻の歌が刻まれている。

「阿波行きの船待つ人に時雨しぬ兵庫のみなと夜の十二時」　鉄幹

「船室にわが身を起こしすでに踏む阿波の港の朝じめりかな」　晶子

鉄幹の歌は孫の与謝野馨氏による書で、晶子の書は自筆の色紙から写したものである。

嘉納治五郎

講道館柔道創始者の嘉納治五郎（１８６０―１９３８）が来県したのは昭和

５（１９３０）年頃であった。治五郎は万延元（１８６０）年に神戸で生まれた。父親は造酒屋や廻船業を営んでいた。当然、神戸から小松島港へのルートで徳島入りし、完成間もない吉野川橋を通行したはずである。

　治五郎は70歳になっていたが、女子柔道の草分けで女三四郎と言われた安田謹に会いに来たのであろう。謹は治五郎より一回り年下で、明治５（１８７２）年、名東郡住吉島村（現徳島市住吉三丁目）で生まれた。家は代々蜂須賀家の勘定方を勤め、関口流の武術を受け継いできた。父によって謹は幼少の頃から柔術、短刀術、剣術等で鍛えられた。16歳で結婚するが僅か8年半で夫と死別した。夫の死後、一人娘を妹に預け、明治32（１８９９）年、謹27歳の時

に上京し、和洋裁を学びながら、講道館に入門し、嘉納治五郎の内弟子になった。治五郎の指導を受け、講道館では女に段位を与えた前例がないため「段数のない有段者」として女性初の有段者になったのである。治五郎から「柔ノ形ヲ指南スルコトヲ許ス」との証を渡された。

帰県後、謹は道場を開き、柔道、薙刀、短刀、棒術を教授した。昭和9（1934）年には講道館から柔道錬士の称号を受けている。当時中学生であった伊原宇三郎（洋画家・1894―1976）や海野十三（本名佐野昌一・小説家・1897―1949）も弟子であった。

伊原宇三郎は大正14（1925）年に渡仏し、昭和4（1929）年に帰国した。帰国時に故郷徳島に帰り、画家の目に吉野川橋がどのように映ったのであろうか。伊原は古典主義風の裸婦像等の人物画を制作した。また、同世代のピカソに傾倒し、日本にピカソブームを巻き起こしたのであった。

海野十三は吉野川橋落成の昭和3（1928）年にデビュー作品『電気風呂の怪死事件』を発表した。海野は探偵小説家・科学小説家となり、日本SFの父として知られている。

女子柔道の草分けである謹は身長１４５㎝、体重45㎏の小柄な身体で多くの若者を指南したのである。昭和40（１９６５）年、93歳で死去した。

賀川豊彦

賀川豊彦（１８８８―１９６０）は昭和４（１９２９）年2月に母校の徳島中学校創立50周年記念式典に出席し、「マルクス唯物史観に対する不満」と題して講演をしている。この時には吉野川橋を通行したはずである。

賀川は自身の前半生を綴った『死線を越えて』を大正９（１９２０）年に発表した。この作品の前半部分は賀川が19歳の時に書いたものであり、かつて母校明治学院の先輩である島崎藤村にみてもらおうと浅草の家を訪問した。藤村から後日、送り返され「これは、あなたの出世なさるまで、筐底に秘めておきなさい」と手紙に書かれていた。

『死線を越えて』を発表した時、賀川は32歳であった。神戸葺合新川の貧民窟での伝道救済活動や労働運動、労働組合や購売組合等の設立で世間に知られるようになっていたが『死線を越えて』の爆発的人気によって一躍、時の人となったのであった。この作品は日本国中の人々に読まれ、400万部からの大ベストセラーとなり、海外でも多くの国に翻訳された。

賀川が神戸葺合新川の貧民窟で伝道を始めたのは明治42(1909)年、21歳の時である。その年から貧民窟に住み込み、極貧と病苦による絶望的人生を歩む人々の救済活動に孤軍奮闘したのである。貧民に安くて栄養のある

ものを食べさせたい思いから飯屋を開業したり、弱い立場の労働者のために労働組合を結成した。

5年間、スラムで救済活動をしたが、これでは貧民を救済できないという限界に直面しアメリカへ留学した。アメリカでスラム街の見学や労働運動を学び3年後帰国した。帰国後、救貧活動から防貧活動へと転換し、無料巡回診療、診療所の開設、歯ブラシ製造工場設立、関西労働同盟会結成、神戸購買組合設立、日本救癩教会設立等あらゆる社会運動を指導した。活動は労働運動、農民運動、生活協同組合運動、普通選挙運動と神業の如く展開していった。

関東大震災では隣保活動の拠点をつくって、救済活動を誰よりも速く実行した。これらの運動は、ボランティア活動の始まりであり、最近、世界的に話題になっているソーシャル・ビジネス（エンタープライズ）の先駆けである。

賀川は貧民窟に入って１００年目の平成22（２０１０）年にノーベル文学賞候補として昭和22年、23年と推薦されていたとの報せがあった。また、昭和29年から3年連続ノーベル平和賞の候補になっていたのである。

北条民雄

北条民雄（1914—1937）は19歳で2歳年下の美しい娘を妻に迎え、楽しい新婚生活が続いていた。民雄が20歳になった昭和9（1934）年、ハンセン氏病（癩病）を発病した。4か月の結婚生活も癩病という社会的差別故に離婚した。

民雄は東京の東村山村の隔離施設、全生園療養所へ入院。妻はそのため入水自殺未遂をし、翌年死去した。当時、癩患者は名前も戸籍も剥奪され、社会からも家族からも捨てられたのである。そのため多くの患

者は松本清張の『砂の器』の主人公とその父親のように村々を乞食しながら流浪生活を送っていたのである。

差別と病魔との闘いの中から文学に目覚めた民雄は川端康成を師と仰ぎ、書いた作品を川端へ送り、指導を受けたのであった。癩患者の手紙等は消毒されていたが、川端はそれを厭わず、民雄の才能を認めて支援したのである。

昭和11（1936）年、民雄22歳の時、自らの療養体験を綴った『いのちの初夜』が第2回文學界賞を受賞した。作品の題名は川端の命名によるものであった。翌年の昭和12（1937）年、民雄は腸結核と肺結核との合併症で23歳の若さで夭逝した。冬の夜明け前に死の報せを受けた川端は、当日午後全生園を訪れ、誰も看取る者もいない民雄へ優しい心配りで葬儀を行ったのである。川端は癩患者の死体を厭わずに傍に寄り添い、民雄の死を悲しんだ。この事に関しては川端の作品『寒風』に書かれている。

川端の民雄への人間愛は実父が民雄への関わりを拒否し続けたのとは対照的である。そのために、北条民雄という優れた作家の本名は平成26年まで、死後

77年間非公開であった。これは差別がもたらした悲劇である。

おわりに

吉野川橋を日々眺めていると、過ぎ去りし過去の歴史が蘇ってくる。東洋一と謳われ、多くの見学者が訪れた吉野川橋も満86歳の高齢になった。吉野川橋は何でも知っているのである。

吉野川橋の渡り初め式には、オープンカーに乗った6名の神官を先頭に自動車が列をなしたのであった。その日は早朝から4万人超の群衆が両岸に集まった。

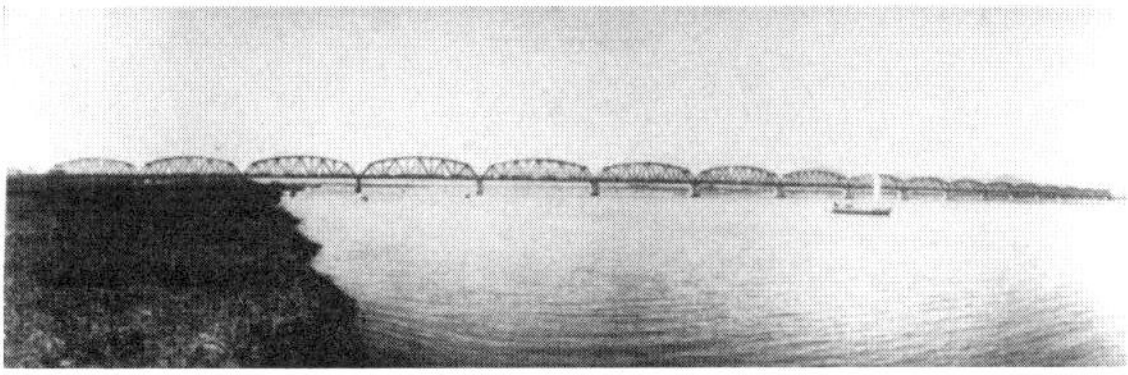

これまで、四国三郎吉野川の通行に難儀をしていた県民は大喜びで、２日間に渡って祝賀の阿波踊りを愉しんだのである。さぞかし吉野川橋は満足したことであろう。

吉野川橋には昭和40年代に橋の両サイドに幅員２メートルの歩道橋が造られ、歩行者や自転車通学の生徒等も南北を結ぶ安全で快適な架け橋となったのである。往復２キロ余りの歩道をジョギングする人々をよく見かける。

架橋から86年経過した吉野川橋はさすがに老朽化している。税務上では鉄骨造り橋梁の耐用年数は40年である。最近では頻繁に補修工事が行われている。既に、法定耐用年数の倍以上を経過しており、残存価額はゼロである。しかし、歴史的建造物としての価値があるので、この先も百年以上維持してほしいものである。

おわりにあたって、吉野川橋に関する当時の貴重な写真

及び資料等を御提供下さった五藤康人氏及び一般社団法人徳島県建設業協会常務理事小島祥圓氏に深く感謝致します。特に五藤康人氏の御祖父五藤豊吉氏は徳島県土木課勤務時代に道路技手・土木技手として吉野川橋架橋の現場担当者として奮闘努力されたのである。豊吉氏の資料や記録メモ等を参考にさせていただいたことを感謝申し上げます。なお、現在の吉野川橋の写真は山本雅敏氏に依頼して撮影してもらったものである。吉野川橋に代わりましてお礼申しあげます。

第3章

吉野川を愛する人々

吉野川の流れと共に

吉野川に生きる会
田村　実

吉野川は徳島および四国3県にとってなくてはならない川である。農業に、工業に、日本一であった藍の生産と繁栄に不可欠な存在であったと同時に県民の心の底流に奥深く息吹く川でもある。定年までの二十年余、朝夕の通勤に、毎日この偉大な吉野川に沿って車を走らせ、四季の変化のエネルギーを貰っての日々であった。特に日の出や夕日の素晴らしさは言葉にできないほどのパワーで、自然の偉大さに敬服したものである。現在住んでいる場所も、市町村合併で吉野川市と命名され、まさに吉野川とは家族同様の関係になっている。

戦後のベビーブームの世代で、物質的に豊かではなかったが、あらゆる風景が活気に溢れていた。私も、新設の阿南高専の2期生で、20代は東京、30代は京都、40代から徳島の企業で勤務し、結果は別として、やはりチャレンジの人生であったのかと振り返っている。偶々、卒業前に一人で旅行した韓国で英語の必要性を痛感し、その後、英語との関わりが人生を大きく左右してきた。26歳で英検1級を取得したが、それから英語力を一種の武器として、海外ビジネスを担当するさまざまなチャンスを得ることとなり、特に40歳で地元大塚グループの（現在アース・バイオケミカル株式会社）の一員となり、徳島ベースで、海外での委託生産、輸出、輸入等を担当し、グローバルビジネスを実践してきたと自負している。

定年延長後、63歳で起業し、パンシコクを設立。徳島の企業が海外の企業と直接、輸入や輸出をできるようにサポートする仕事を微力だが始めている。今、力を入れているのが林業の分野。戦後の植林を経て、日本全体の約70％が伐採の時期を迎えている。社会構造の変化で、伐採、輸送、需要減、非木材の使用など課題も多いが、うまく展開すれば、今後有力な輸出品目になっていく可能性もあり、地方創生になる期待感も大きい。アクテイブシニアのひとりとして、四国を元気にする取り組みをしていきたいと願っている。

全国的にも、徳島のサテライトオフィスの事業が注目を集めている。ここ吉野川市にも誕生し、今後にいろいろと期待がかかる。ドローンによる空撮は、林業への活用が有望で、木の数量把握、境界線の明確化などデータベース化により、先進的な経営判断の推進に重要な役割を果たすと思われる。吉野川の恵みで広がる故郷を、進む高齢化の課題にどう対応していくか？　高齢先進地の取り組みを、やはり高齢化が進む諸外国にも適用していける。より多くのシニアがアクテイブシニアとなり、日本を元気にしていくことを切望している。

「吉野川に生きる会」はおもしろい団体

吉野川に生きる会
事務局長　安崎　吉英

当会は平成21年に川島商工会主催の農商工連携等人材育成事業で1年間勉強した仲間のうち地域が抱える多くの問題点（吉野川や自然環境の悪化、人口減少化、若者の地域離れ、農業後継者不在、働く場がない、枯れる商店街、など）を憂慮した郷土愛のある有志が発起した任意の団体であり、後日、非営利活動法人「吉野川に生きる会」として改組した団体だ。

メンバーは60歳以上の団塊シニア世代者が多く、後半の人生を子や孫のために、また地域の活性化のために彼らが培ってきた経験や知力を生かし、後世に残る事業を起こしたいと願っていた。

発起した当初は種々の提案や意見が飛び交い、何から手をつければ良いのか焦点が絞れない暗中模索のワイガヤ会議から始まった。ワイガヤでの提案や意見は数多い。例えば、「自然環境」をテーマしたものは以下のようなキーワードが出てくる。

・地元を美しくし、遍路や県外客がもう一度訪れたい温かく綺麗な町づくり
・悠久の吉野川を、汚さず後世に残してゆく
・森林伐採や生活排水による河川の汚染
・化学肥料や農薬による河川汚染問題
・化学肥料や農薬を使用した農産物の摂取と癌の相関問題
・加工食品の添加剤、防腐剤の使用でアレルギーやアトピーの健康問題

また、「経済活動」では下記のように議論百出する。

・地域の少子高齢化が急速に進み、同時に人口減少化が傾斜的に進んでいる
・地域の商店街の疲弊や働く職場が少なく若者の地元離れ
・農業所得が低いために後継者が育たない
・農業生産、加工、販売の六次産業化が地より遅れている
・地元の歴史文化遺産を勉強し、地域の観光産業として雇用を増やす

最後にその他のさまざまな問題についての意見も記しておきたい。

・流域住民が経済だけでなく、心身ともに豊かな社会づくり
・幼年期より文化、芸術にしたしみこころ豊かな住民を育てる
・阿波古事記や忌部族を知り、地域住民が誇りをもて暮らせる町づくり

このワイガヤでは多種多様な課題や意見が飛び交ったが、集約すれば吉野川流域で生きることは自然環境を守りつつ、地元経済を活性化し、若者や後継者

そして地域住民が安心して暮らせる町づくりを応援することと考え、当団体の目的『定款　第二章 第三条　事業目的』を次のように定めた。

『この法人は吉野川流域住民に対して、美しい吉野川とその流域の自然を壊すことなく、吉野川の恵みである農林水産物を活用した産業や観光産業を興し、住民の生活を潤すとともに郷土の歴史文化を学び、誇りの持てる郷土をつくる。これらの活動を通じ、住民が一体となり、親切で潤いのある社会を創ることを目的とする。』

事業目的を設定し、この団体を任意団体でなく法人格を持った団体にすることとし、特定非営利活動法人吉野川に生きる会を平成22年6月24日誕生させた。特定非営利活動法人の取得は、公的な法人であるため透明性のある組織運営が要求され事務負担も増大し、運営的にはマイナス面もあったが、この活動が次代を超えて永続さることを信じて公明正大な活動法人にすることとした。また当法人の運営費は会員の年会費３６５０円（一日10円）で理事はもとよりボランティアであったが、会員の少ない初期は資金不足となり個人の寄付に頼る時代であった。

　そのうちに会の経済活動で得た資金や、近年は我々の活動が世間に認知され行政や民間団体の助成金が受けられ、厳しいながらも個人に頼る比率は低下してきたものの緊縮財政が続いている。助成金の大半は春に開催される「菜の花フェスタ」と秋の文化作品展に出費されるが、地域住民の健康と豊かな人間が育ってもらうことを願って理事、会員が日々頑張っている。

　当初の活動は、自然環境維持とお遍路さんに四季の花で『おもてなし』をする活動に取り組

秋の文化作品展

み、吉野川のアドプト活動と、善入寺島の遍路道に菜の花種を約1㎞にわたり、地主の許可をとり会員が種をまき地域の美化に努めた。

吉野川周辺の清掃活動で美しくなった吉野川の風景の中で、春の穏やかな日差しを受け、黄色に光る菜の花が群生する、菜の花ロードをお遍路さんが歩く姿を連想するだけでワクワクする活動だった。

お遍路さんや県外客に旅情を味わってもらい、ひと時でも和みとおもてなしを感じてもらえれば、再び吉野川に立ち寄りたいと思う客人が増え、流域が賑わうと期待しました。またこの感動は、もう一度素晴らしい吉野川

菜の花フェスタ

を見てみたい、こんな綺麗な環境で育った農産物を食べてみたいとの気持ちを起こさせる狙いもあって、善入寺島の遍路道の道路わき左右に、菜の花種を1万本分種まきしました。

また、吉野川に感謝するお祭りとして第1回イベント『菜の花と吉野川』（現在の「菜の花フェスタ」）を開催しました。当イベントは吉野川周辺に咲き誇る菜の花と桜の咲く時期に、吉野川に感謝する神事をはじめ、吉野川の土手に舞台を設置し、会員『アゲインさん』の協力を得て着物リメークファッションショーや地域の芸能、ライブなどを催しながら住民とふれ合い、気持ちの良い1日を楽しく過ごすことができた。

このイベントがきっかけで毎年この時期に『菜の花フェスタ』として開催し、今年で6回目を迎える。イベント内容も毎年充実してきており現在では地域住民の健康を考えたイベントとして、吉野川市役所の健康推進部、徳島県保健所、吉野川市医師会、歯科医師会、その他健康関連団体の協力を得て、イベント会場で健康測定や健康無料相談など地域住民の健康維持や病気の早期発見、早期治療のお手伝いをしている。まさに官、医、民一体となった地域活動となってきている。

また経済活動においては、初期の経済活動は、模索しながらも吉野川の肥沃な大地で育った地域ブランド作りの検討や、地域観光で地域が賑わうことを考えて、これらに関する勉強会や講習会に進んで参加していた。

こんな時期に、奇跡のリンゴでおなじみの『木村秋則』氏と出会い無農薬、無肥料の自然栽培を知り、理事を中心に県外の講演会や現地研修などへ出席し研究を重ねた。この自然栽培はＮＰＯ吉野川に生きる会の理念と共感できることが多く、会として本格的に取り組みすることとなり、一部のメンバーがリスクと戦いながら、自然米の栽培がスタートした。

自然栽培の取り組み要因を以下に挙げる。

・化学肥料や農薬による河川汚染が無くなり吉野川が生き返る
・化学肥料や農薬の使用による食品への残留は癌の原因を和らげる

・自然栽培の生産物はアレルギーやアトピー患者に喜ばれる
・自然栽培で地域のブランドや六次産業化が見込める
・自然栽培製品は差別化ができ、農業所得の向上が見込める

取り組みを現実にするために、木村秋則さんを徳島に数回お呼びし、各地で普及のための講演会や現地指導など精力的に活動を開始した。各地の講演会は盛況で会員数も徐々に増え、徳島の西部地区では木村秋則式自然栽培で、米を作る農家が増えてきました。しかし従来の農地は肥料、農薬の残留が無くなるまで3年間放置しなければならないことや、収穫は年一回で失敗した時のリスクが高く、栽培の意欲はあるものの不安感もあり急激な広がりは期待できなかった。

そんな時に代表の島勝氏が自然米でのお酒を考え、鳴門の老舗の酒造場（松浦酒造）に持ち込み自然米のお酒『ありがとう』を生み出し、発売するまでに成長し、その後毎年少しずつ生産量も伸びてきている。

生産量の増加と共に、独自の販売ルートを開発し、生産から販売までの付加価値を生産者と共有するシステムが構築されつつあり、農家との契約栽培や安定収入に寄与するようになってきた。

また徳島の勝浦町では自然栽培で野菜や、ミカンなどを生産し、自らインターネットによる販売まで進め、生産農家が価格を決定し、収入も今まで以上に受益できる環境が整いつつある。

このように木村式自然栽培による生産物は安心安全食品として、少しずつ消費者にも認知されるようになり県内外客に喜ばれ、販売網も広がりを見せている。

また、木村式自然栽培は木村秋則さんの承諾を得て、当会が徳島県の認定団体となり商標登録することとしました。商標登録は木村式自然栽培の偽装品が氾濫しないことと、消費者に安心して食してもらえるように、生産者には厳格な土壌管理と生産管理基準を設け、基準に適合した規格品は当会が認定する認証制度を設定し厳格な生産物のみを販売しております。

木村式自然栽培の取り組みで、農業生産から加工、販売まで農業の6次化が具現化されつつあり農家の付加価値の高まりと、新しい事業による雇用創出が期待されます。また消費者には体に良い安心安全食品が届けられ健康に寄与していることは、当会の目的に合致しており今後も楽しみである。

「吉野川に生きる会」は、多士済々な会員が各々の力を出し合い、地域住民が心身ともに健康となり、豊かで潤いのある社会実現のために日々楽しく活動している。

これからも引き続き頑張りますのでよろしくお願いします。また、会員も募集しています。ぜひ、一緒に活動しましょう

かも研究塾の活動

吉野川市議会議長　かも研究塾初代塾長　空海の道ウォーク実行委員長
粂原　五男

私と「吉野川に生きる会」の島勝さんとの付き合いは古い。それぞれの仕事、立場でお会いしてから数十年が過ぎている。

私はＪＣ（日本青年会議所）時代に「この地域で誇れるものは何か？」と尋ねられた時、それが思い浮かばなかった。他のＪＣメンバーも同じようで、それでは何かそういうものをやれないかということで出てきたのが吉野川市を利用してのイベント〈アドベンチャーｉｎ吉野川〉という川下りである。それはかなりの反響があった。その後、衰退していく吉野川市の中で島勝さんが吉野川にかかわっていろんな事をやっているというのを聞き、ふるさとの良さを全国にという考えで私も参加した次第である。

鴨島町の鴨にちなんだまちづくりをやっていこうという有志が集まり、平成6年に「かも研究塾」を38人のメンバーで設立した。会を進めていく中で「人が来たい、住みたいまち」、「名産・名物・名人を生み出すまち」、「情報を発信できるまち」、「観光資源を活かせるまち」の4項目を掲げ活動することになった。塾活動の中から、合鴨のたまごを使った「かもっ子クッキー」、合鴨を水田に放ちお米をつくる合鴨米、ハーブのカモミールなどを広めていこうということになり、それぞれの担当を決めて活動した。

それと同時に鴨島町には四国八十八カ所の11番札所の藤井寺があり、年間10万人ぐらいが来ているので、それを活かし、八十八カ所の中で唯一昔の険しい道が残っている十一番札所藤井寺から十二番札所焼山寺までの遍路道を歩くというイベント、最後まで残った空海の道ウォークを開催して情報発信していこうということになった。それ以後このイベントは昨年で21回を数えた。いろんな地域から県内外から千人ぐらいの人が毎回参加していただいているのは非常にうれしい限りである。ある時、80歳になる老婦人が感謝してくれた。「一生で一度歩きたかった。遍路道はひとりではとても歩けなかったけど皆と一緒だから歩けました。本当にありがとう」とありがたい言葉をいただいた。

遍路ころがしという難所もあるこの12・3㎞を歩くつらさ、そして歩いた後の爽快感、本当に歩いて良かったと思うこのイベントを今後もまちおこしの一環として続けていきたい。そして、今後は特産品や名産づくりにもっと力を入れ、吉野川市の名前を全国に売り出していきたい。

吉野川

小松　敏秀

私にとって吉野川は故郷徳島の象徴。故郷を離れ、東京の調布に居を構え、

30数年のサラリーマン生活を送り、再び故郷に帰ったのは2008年であった。新宿から京王線特急で15分の調布市。深大寺、神代植物公園そして南には多摩川の流れ、東京ではかなり自然に恵まれているほうかもしれないが、銀座への通勤途上に見えるのは無機質なビルの群ればかりだった。

帰郷後、しばらくの間、仕事で徳島南部の阿南市まで通ったが、国道192号を石井町で南に折れ、童学寺トンネルから神山方面に抜ける山あいを美しい渓谷を眺めながらの車通勤は、東京ではあまり味わうことのできない春夏秋冬、日ごと風情を変化させる四国山脈の山々の景観を堪能できる。すっかり忘れかけていた美しい自然豊かな故郷『徳島』を実感させてくれた。

現在は、吉野川市鴨島町に住んでいるが、ここはまさに名高い暴れ川「四国三郎吉野川」流域のほぼ真ん中に位置する。麻植郡鴨島町が川島町や美郷村、山川町と統合、「吉野川市」と命名されたとき、おそらくはこれも捨てがたい由緒ある麻植という地名を残すかどうかの選択に大いに関係者を悩ませたであろうことは想像に難くない、徳島はまさに暴れ川と苦も楽もともにしてきた地である。その思いの強さが吉野川に軍配をあげたものと勝手に推察している。

調布では多摩川沿いの土堤を府中に向かってよくウォーキングをしたものだが、多摩川下流域のこのあたりでも対岸に歩く人の姿はよく見え、声も届くかと思われる距離でしかない。

また、多摩川の土堤上はウォーキングやサイクリングの群れがまるでラッシュだ。自転車と衝突する危険もあってのんびり散歩というわけにはいかなかったのに比べ、吉野川はなにもかも広大で、鴨島町中央橋あたりでも南岸土手から眺望する北岸ははるか遠くを車が走るのを確認できるのみだ。ウォーキングやサイクリングの人々はまばらで、すれ違えばお互いどちらからともなく軽い会釈で挨拶をかわすようなことは多摩川ではまずなかった。

吉野川は、川島町あたりからは国道192号に沿って上り、四国の真ん中、あの高校野球で全国にその名を馳せた池田高校のある三好市池田町方面に向かう。

川島城・川島神社の西の突端岩の鼻あたりから上流を眺めたとき、左から四

日本最大の川中島（中州）である善入寺島

国山脈の山々と阿波富士とも言われる高越山を経て四国の臍に向かって連なる山並みがずっと西に奥まり、右側から迫ってくる讃岐山脈と交わる。そのはるかな隙間を縫って、悠然と大きく蛇行しながら迫ってくる吉野川は、そのたゆとう雄大さがまるで絵のような景観美だ。

　しかも、右眼下には流域で最も広大な川中島（中州）である善入寺島も眺めることができる。ここで、藍やサトウキビを耕作して生活をしていた約

３０００人の島民は、20世紀の初め、国の治水・洪水対策の実施により、遠くは北海道、朝鮮に移住を余儀なくされたと聞く。かの田中角栄氏が空からこの中州を見て、当時の官房長官後藤田正晴氏に「ここに飛行場でも作ったらどうか」と冗談半分に語ったという逸話もある広大さである。

数多ある吉野川流域の美しい風情景観を楽しめるスポットのなかでも特筆すべきポイントと言えるかもしれない。因みに、この吉野川市が輩出した代表的著名人には、川島町の南、山を隔てた美郷出身の後藤田正晴氏や川島町出身の元参議員議員中村博彦氏、幸福の科学創始者の大川隆法氏などが浮かぶが、大川隆法氏の書籍には、まさにこの吉野川、岩の鼻あたりで釣りをしたり遊んだ思い出とその景観を懐かしく語る記述が多い。

徳島県は道路が良くない、と昔からよく耳にする。四国の臍、高知・愛媛の境、瓶（かめ）が森に源を発する全長１９４㎞の吉野川は、その長さこそ全国12位の川だが、洪水時のエネルギーつまり国の治水計画の基礎とされる〝洪水流量〟なるものは１秒間に２４０００m^3で全国１位とか、この暴れ川、徳島県はこれを鎮め、なだめるための治水事業にどれほど資本を投じなければならなかったか、それがために道路への投資が後回しになったであろうことは推して知るべし。

少子高齢化による人口減や地方創生が、国の大きなテーマとなっており、徳島県も例外ではない。何もしなければこの自然豊かな故郷を捨てがたく思う若者とて、生活を維持し、家族を養うためには企業、仕事のある地域へ向かわざるを得ない。彼らを押しとどめ、さらには東京など都市部からの人口流入をも図ろうとするなら、県・市ぐるみで仕事の創生と同時に都会にはない住みやすさ、子育て環境など何らかの魅力づくりが必要に違いない。

創生に必要なことはまず他と差別化できる資源は何か、どんな強みがあるのかを模索し、それを生かすことだろう。たとえば、吉野川のもたらす土壌が生む品質の優れた農産品にんじん、れんこん、なす、だいこん、さつまいもなどの出荷高は、全国有数で、これらは多分徳島の強みであろう。こうした農産物について、単なる1次産品としての生産・出荷にとどまらず、付加価値をあげる2次加工や最終加工製品までも企図し、土地活用による大規模工場立地ないしは企業誘致などに繋げれば創生への道は開くかもしれない。

日本一の暴れ川、しかし、徳島は、藍商の時代にはこれを活用して隆盛を誇り、また、農業は言うに及ばず、漁業や水利そして観光面でもこの川の計り知れない恩恵に浴してきたはずである。つまりは吉野川と徳島県は、お互いに深く関わる運命共同体として、ともにわが故郷を育んできた、それこそが吉野川に違いない、と思いをあらたにしている。

自然栽培プロフィール

北原　利治

私は建築業を行っています。仕事のテーマは健康と幸せです。健康と幸せを求め、様々な工法、建材を実際に試してみました。そして、居住空間の環境が、住まい人の健康と幸せに大きな影響があることを知り、その情報を活かした工事を行ってきました。さらに、環境以外に食や水、空気、も非常に大きな関係がある事も併せて学びました。

木村秋則さんの話は、13年前栃木の農家へ訪問したときに聞いていました。しかし、当時自分で農業を実践していなかったため、農作物は作っていませんでした。

5年前、友人の薦めで、香川県へ木村秋則さんが農業指導に来ると聞きその場へ訪れました。ちょうど、そのとき、島勝さんと出会いました。

その後、島勝さんより、木村秋則さんの自然栽培を行っていると聞きました。島勝さんは、吉野川の流域で生活をしている農家を元気にしたいと、農業の6次化を考え、吉野川に生きる会を設立し、1年ほど経っていました。自然栽培で生産したお米で、お酒を作り、自分たちで販売することで、お米の買い取り価格を高くできる。また、自然栽培を普及し、元気農家を増やし、その食材を食べてみんな元気になればとの趣旨を聞き、早速私は、吉野川に生きる会へ入会しました。

稲作1年目から自然栽培による稲作の方法を島勝さんより聞き、その通りに初年度よりやってみることとしました。私の田んぼは、大半が約5年ほど何も作らず、毎年草刈りのみを行ってきました。一部は2年間何も作らず放置状態でした。ちょうど、その田んぼで稲作を始めることとしました。

初年度、除草用にチェーン除草機を制作しました。人力で田んぼの中を引き回すタイプでした。非常に足腰の力が必要な作業で、途中で人力エンジンのパワー不足でダウン。初年度から2年目と草が大変勢いよく育ちました。ほとんど毎日、少しの時間でも草取りに田んぼへ入りました。シルバー人材センターへ何度か草取りをお願いしたこともあります。

稲作3年目、田植機で稲を植えた後、一度も田んぼに入ることなく、草もほとんど生えず、稲刈りを行いました。近所の農家の方が、何もしないで草が生えない、しかも稲はよく育っていると、不思議がって何人かが見に来ました。

稲作4年目。稲作の始めから約1ヶ月の間、深水管理をすると、ほとんど草が生えないことがわかりました。ただ、モグラとの戦いが残っています。毎日1カ所の田んぼでは、四カ所くらい穴を開ける。私がその穴を毎日埋めて回る。その繰り返しで1カ所の田んぼは草がたくさん生えました。

稲作と共に、美味しいお酒ができ、また、新たにその酒粕を利用した焼酎も出来て、それを飲むのが楽しみです。

また、健康や自然栽培に関心の高い方達ともたくさん知り合うことができ、楽しく活動をさせて頂くと共に、自分たちの活動が少しでもお役に立つことができればありがたいと感じています。

栽培品種は酒米として山田錦、飯米としてあけぼの（一部お酒としても利用する）を栽培しています。あけぼのは食べても美味しく、

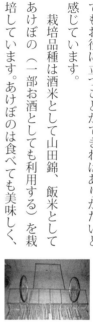

お酒を造っても美味しいお酒ができるため、両方の利用価値を考えて島勝さんが決めました。

あけぼのは、昔（約40年〜50年くらい前まで）栽培していた品種で、中形で頭部に丸みがあり、濃飴色。名前の由来は、西日本に広く作付けされている旭（朝日）を対象として、これらの類語（曙）を採り、ユーバエ（夕映え）とともに、将来、旭に代替することを期待して名付けたものです。

山田錦は、短稈の長さが約１３０㎝程であり、一般的な酒米の重さは25〜29グラムであるのに対し、この米は27〜28グラムである。高精米が可能であり、砕米が少ないのが特徴です。洗米時は割れ易い。また、米粒が大きく通常の米と比較するとタンパク質、アミノ酸が少なく心白が大きいが、短稈が長いので倒れやすく病気や害虫、風に弱いので作りにくい酒米である。酒造好適米（古酒にも適している）と言える。

田舎より都会へそして田舎へ

吉野川に生きる会　巡礼の駅
駅長　岡田　修二

兵庫県美嚢郡志染村（現三木市）の田舎に生を受け、子供の頃は野原や田んぼで暗くなるまで走り回りわんぱく坊主の遊びにふけっていました。今考えると懐かしく楽しい思い出です。

物心がついたときは、都会に憧れ大阪の会社（阪急電鉄）に入社。41年のサラリーマン生活を過ごしました。入社当時は55歳が定年で休みは週1日だけ。人々はがむしゃらに働き、戦後、日本の成長を我ら世代が頑張って支えてきたと思っています。昭和40年代から世の中は高度成長期に差しかかり、物価が上がり、後追いで給料も上がり、週休2日制になり、国民の生活も徐々に豊かになってきました。我々世代は苦労もありましたが、いい時代を過ごせました。

平成に入りバブルが崩壊。現在まで不の遺産の後始末が続いています。人々にとって一度膨れ上がった生活を元に戻すのに何倍もの時間と努力がかかります。私も60歳前になり、3人の子供を結婚させ夫婦二人だけの生活の中、定年という言葉が脳裏に浮かび、人生を振り返った時、無邪気でのんびりと楽しかった幼い時の記憶がよみがえり、定年後はもう一度田舎暮らしをしたくなり、妻に相談したのです。妻も徳島出身だったので何となく納得し、その後、二人はパソコンで田舎暮らしを検索。1年近く掛けて、千葉、熱海、伊豆、和歌山、瀬戸内等、海岸沿いで温暖な土地を探しました。私の理想は山の中。小川が流れていて、魚を取り、自然栽培（無農薬、無化学肥料）

巡礼の駅

で野菜を作り自給自足の生活を望み、一方妻は田舎でも、駅、スーパー、病院が近い所が良いと意見が分かれました。その後、時間をかけ探し続け、偶然目に飛び込んで来たのが、今の家がある吉野川市鴨島町西麻植でした。JR西麻植駅まで200メートル。スーパー、病院が近くて、屋敷が広く家庭菜園もできる物件で、年寄り向きの平屋建て中古住宅でした。私の希望とは違いましたが、妻の条件に合う物件で、即購入を決めました。妻は今も私が徳島に行こうと誘ったのではないと言っています。都会風に全面リフォームを行いました。傍系会社より仕事の依頼があり、月末から月初の10日間程度の事務的な仕事を手伝い、神戸と徳島の間を行ったり来たりの生活が5年間続きましたが、やっと平成24年4月より定住することになりました。

そこからの2年間は毎日が日曜日。朝ゆっくりと起き、家庭菜園の畑で2時間程度草引きをしてからの朝食。妻は徳島新聞の催物欄を見て、今日はどこで何が行われているとか、どこそこの花がきれいとか、南の方でみかん狩りがあるとか、そういった情報を見てはその日の行動を決め、楽しい毎日を送っていました。

そして2年前の11月。徳島新聞で勝浦に自然栽培で作った芋ほりの記事を見て参加。主催はＮＰＯ法人吉野川に生きる会。そこで代表の島勝さん、事務局長の安崎さん、坂本さんに出会い、皆様方の優しさ、ボランティア精神、発想力に感銘し、入会させて頂き、微力ながらお手伝いをさせていただきました。

また、無農薬、無化学肥料の自然栽培にも関心があり、名古屋で土作りの講習会に参加し、焼酎と酢と唐辛子で虫除けする方法も習って家庭菜園をしています。きっかけはこの年の2月、２歳の孫が日本に１００人もいない難病（赤芽球ロウ）に掛かり、いろいろな方のアドバイスできつい薬の使用を止め、オーガニックの食べ物、水素水等を採り入れて病気が回復。食生活の大事さを実感することになりました。

昨年（平成27年）夏頃に島勝さんと坂本さんから、吉野川市川島町（川島城）下、国道１９２号線郵便局前に、四国八十八ヶ所を回るお遍路さんに今までに無い新しい形の憩いの休憩所、巡礼の駅1号店の立ち上げ協力の依頼がありました。悩みましたが、高野山熊野古道に続く、四国八十八箇所の世界文化遺産登録申請のため、少しでもお役に立てればと思い、引き受けることにしました。10月初めから毎日立ち上げ準備で、関係機関、地元自治会、役所等、挨拶回りで多忙な日々でしたが、多くの方々の協力により無事12月3日にプレオープンができました。開業から1ヶ月、正月の休養もつかの間、4日から勢力的に活動を始めています。今年は地元の活性化のためにいろいろな催物、地元の農産物、お土産物等の販売促進に協力を行いながら、当初の目的である巡礼の方達に心を込めた接待に努め、全国各地からお参り下さる人達の出会いを楽しみに第二の人生を過したいと思っています。それと併せて徳島県吉野川市川島町の良さもアピールしていくつもりです。

吉野川に育まれた阿波・徳島への想いを馳せて

吉野川に生きる会
会員　武本　要人

All about Japan here in Tokushima

「日本の全てが、ここ徳島に在り」とでも訳しましょうか…学校卒業後、衣食住に関連する仕事に携わり、国内外を巡る機会が多くありました。県外、諸外国から日本を眺め、日本のアイデンティティを客観的に考察して来ました。ご縁があり、神戸から徳島へ移住して早9年が経過しました。この間、徳島県全域を訪ねこの考えに至った次第です。

周辺を急峻な山々に囲まれ、四国三郎と称される吉野川、河口は紀伊水道、太平洋に向かい、大きな扇状地と考えられます。この規模を持つ扇状地は世界でも稀です。古来、扇状地は、発展を遂げています。農林水産、人がそれらの貴重な資源となったからです。

吉野川は山からの恵みを源流から汽水域を経て海へ運び、海の幸を育み、雨となって生命の源である水を山へと戻していく。この大きな生物生息空間（Biotope）の保全が人類にとって重要となりますが、吉野川はその動脈血管とも考えられます。徳島の農林水産物の多様性を証明するものでありましょう。それらの地域資源を人の生活の質（ＱＯＬ）に供するための従事者たる人たちが、即ち徳島・阿波人でありましょう。

紙幅に限りがあるため、詳細は省きますが、地質学的、人類学的、並びに中学的にも徳島県は四国の他県と比較すると若干の特殊性があります。県西、県央、県南で、人類学的に多少の相違があります。当然ながら、農水産物にも特異性が見られます。阿波藍、スダチなどがその例でしょう。例えば、スダチは本州の他県では結実しますが、スダチとは相違する食味となります。これは地質、気候によるものでしょう。竹糖から作る和三盆などもその好例でしょう。

言語的には、前述した3地域間で、その阿波弁にも相違を見ます。日本人は（一部の少数民族を除き）大きくは縄文系と弥生系に分類されるとされますが、県西では平家の落人が隠れ住んだ故に弥生系と一般に解釈されていますが、必ずしもそれだけとは言い切れない点があります。

小生の専門分野の生物化学、遺伝学（伴う人類学）による指紋の形状、足指の形状、骨相等、外見的からの考察です。

従って、気候の差も大きな要因ではありますが、伝統芸術、生産物・・・例えば、木工業は古くは、紀伊水軍のための船大工の興りから、仏壇、鏡台などは日本に類を見ない製品群として発達してきたように、独自のものがあります。

日本の他県も特有の文化、文明があり、地域創生のために、これらを地域資源として、活用する機運が高まっていますが、徳島こそ、それらの殆どが凝縮している地と思えてなりません。忘れてはならないこと、それはこの地に生まれ育った徳島・阿波人の才能です。これらの文化、文明を営々と築いてきた先達の知恵を次代に継承して行かねばならないと常に思う次第です。

〝世界へ羽ばたこう〟の合言葉で、グローバル化が叫ばれています。更には、海外からインバウンド増加への活動が盛んになって来ています。

「商い」の視点で一考してみましょう。古くは、阿波藍、和三盆、海産物などを廻船で、国内に流通させ、阿波商人の才覚の面目躍如たるものがあります。廃藩置県後、一旦は名東県、その後直ぐに徳島県となったのですが、富裕度ランキングでは、徳島県は五指に入っています。

大阪に阿波座なる地名が残っていますが、阿波商人のＤＮＡは、当地で生まれ育った人たちに受け継がれている筈です。文化においても然りです。小生の基本は、異文化（国内外）の相互理解こそが、商い（Business）の原点にあります。

このＤＮＡを、具体的な活動により、如何に国内外に発信、周知させるか…徳島の発展のためにはこの一言で充分でしょう。

山々に囲まれ、動脈である「吉野川」…この豊かな自然界と資源、生き物として組み入れられた人たちの繁栄、徳島の発展を切に願うものであります。

故郷を流れる吉野川への想い

土井　春義

　私が生まれ育った美馬市は吉野川沿いにあります。吉野川は高知県の吾川郡の町の瓶ケ森を源流に高知県から徳島県に流れる延長１９４㎞、流域面積３７５０㎢と四国全体の約20％を占める四国第一の一級河川です。吉野川という名前の由来は定かではありませんが「河原に葦（よし）が多く繁り覆われていたことから吉野川となった」という説が有力で、日本三大暴れ川として利根川の坂東太郎、筑後川の筑紫次郎と並び四国三郎の渾名でも呼ばれている。私が小学生の頃は台風で豪雨になると洪水で川から水が溢れ、田んぼに水が流れ込み、収穫間近の稲が倒れ、水に浸かって魚が打ち上げられていたのを思い出します。

当時は学校にはプールもなかったので夏になると友達と一緒によく泳ぎ行きました。「もじ」という長さ1mで直径10㎝くらいの竹筒を使ってウナギ捕りもしました。竹筒の入り口にウナギがいったん入ると出られないように竹で編んだ物でふたをして中に餌のミミズを入れて夕方に川底に仕掛ける。翌日、目印をした場所に仕掛けを取りに行きウナギが入っていたときは大喜びしたのも楽しい思い出です。今ではコンクリートの護岸によりそんな遊びもできなくなり遠い昔話になりました。また実家は農家で蚕を飼っていたので家族総出で蚕の飼育に使う網を洗いに吉野川に行って河原に干す手伝いをしたことを懐かしく思い出します。

吉野川流域には四国4県12市15町1村があり、自然環境は気候も上流から下流まで変化に富んでいて、植物は四季折々の花や緑が楽しめ、川魚はアメゴ、アユから河口ではスズキやボラなど多種の魚が生息し、鳥類も四季を通じてたくさんの種類が飛来してきます。吉野川は台風が来るたびに氾濫しましたが、氾濫によって育まれた肥沃な土地で台風が来る前に収穫できる「藍」の栽培が徳島県で盛んに行われ、中でも美馬市の舞中島地区は阿波藍の一大生産地のひとつだったそうです。

また昔は吉野川の水運は物を運ぶ重要な流通の手段で各地に船着き場があり、美馬市の脇町そのひとつで脇町は日本有数の藍の集積湊（みなと）として栄えました。特に藍の取引で富を築いた藍商人の堅牢な店構えの商家の「うだつ」が上がっている家が並んでいるのが「うだつの町並み」です。

「うだつ」は「卯建」、「宇立」の字などが当てられ、隣家との境に取り付けられた土造りの防火壁のことで、これを作るには費用が掛かったためお金持ちしか設けることができなかったので、「うだつ」を上げることは富の象徴で「うだつが上がらない」の語源のひとつになっています。私が生まれ育った美馬町は昔、郡里と呼ばれ流通のひとつに馬車を使って物を運ぶ拠点のひとつで、今でも美馬町字駅や馬次という地名が残っています。

私も高校卒業して故郷を離れてから50年になりました。川幅が広く満々と水量があった吉野川の流れも池田ダムができて変わりました。今、美馬市も少子高齢化が進み、川幅が狭く細くなった吉野川の流れのように過疎の町になりつつあります。市長が先頭に立って何とか過疎化が進まないように雇用を生む大塚製薬の工場を誘致しました。「うだつの町並み」や山田洋次監督の映画「虹をつかむ男」のロケの舞台となったオデオンなどで観光客の呼込、利用客の減ったショッピングモールを買収・改装してホールを作り、そこを拠点に活性化の取り組みを進めています。私も微力ですが活性化のお手伝いをしようと思っています。

吉野川に生きる

徳島県石井町議会
議員　永岡栄治

吉野川中流南岸に位置する石井町では、蔬菜づくりが盛んです。度重なる洪水で運ばれた肥沃な土砂を生かし、藍作に始まり、大根、瓜、ゴボウ、人参、ほうれん草、小松菜など時代に合わせてさまざまな野菜が作られてきました。

その中でも、異色なのは野沢菜だろう。長野県の特産である野沢菜は、冬は雪に覆われて野沢菜が栽培できなかった。和歌山、房総半島、九州、中国地方、さまざまな土地で野沢菜の栽培を試したが、どこもうまくいかなかったといいます。昭和47年夏、徳島県旧鴨島町（現吉野川市）の漬物店を訪れていた長野県飯田市の野沢菜業者のところに、石井町浦庄で農業用ビニール資材を扱っていた石川義雄さんが居合わせたのが、徳島で野沢菜栽培が始まるきっかけでした。

野沢菜を作ってほしいとの要請を受けて、石井町藍畑の農家が参加。藍畑の農家はもともと蔬菜栽培技術が高かったこともあり、野沢菜づくりは成功します。昭和51年1月には、飯田野沢菜組合が設立され、徳島県との契約栽培が始まった。その後、北信、東信の漬物業者も参入し、徳島県は栽培面積約３００ｈａ、出荷量約９０００ｔに上る冬の野沢菜の一大供給産地となったのです。

現在、「㈲いしかわ」社長を務めるのは2代目の石川和豊さん（61）は「契約栽培で大切なのは、約束を守ること。栽培面積をきちんと管理して出荷時期、出荷量をメーカーにこまめに連絡しています。天候不順で予定していた出荷量が確保できない場合はすぐに連絡。そういう信頼関係があるから、長く続いてきた。買い取り価格を確保することで生産者がサラリーマンより稼げるようにして、農業の後継者を作っていかないといけない」と責任感をにじませています。

冬の野沢菜づくりは、当初は露地栽培だったが、昭和60年からは、ハウスで行われるようになりました。飼い犬がハウスに穴を開けてしまったところ、そこだけが非常に生育がよかったといいます。そこから、ハウスに穴を開けて換気をするようになったのです。穴を開けることで、信州の春秋の気候に近くなり、高温障害を防げる効果があるようです。

長野県にとっても、徳島県は大切な冬季の野沢菜の供給基地。徳島産の良質な野沢菜は高い評価を受けています。生産者、メーカー、消費者の三方一両得の精神で、野沢菜づくりは45年目を迎えています。

いま石川さんは野沢菜の出荷が終わったあとに、ハウスで植えられる作物を研究中です。「石井町は、農業と商工業のバランスがとれた町。農業がある程度利益を生まないと、町が発展しない。農家の可処分所得を増やし、若い後継者が次々と現れる農業にしたい」と力を込めます。

石井町藍畑は地名の示す通り、かつては藍の栽培が盛んでした。昭和51年、敷地と11棟の建物が国の重要文化財に指定された田中家は、寛永（1624―

1643）ごろに初代播磨屋与右衛門が入植して以来、代々「すくも」や藍玉、青藍を製造販売してきました。石井町は遊水地帯とされており、2度も家屋敷が流される被害にあったため、安政元年（1853）ごろから造成にかかり、石積みに20年、建物に30年の歳月を費やして完成したのです。

石垣は布積と呼ばれる技法で青石や撫養石が寸分のすき間もなく積まれ、洪水の水圧に耐えるため、北側が南側より1ｍも高くなっています。洪水が直接ぶつかる北西の角が2・6ｍともっとも高く、船のへさきのように水圧を左右に分散する役割を果たします。

茅葺の屋根の下には土が敷き詰められており、洪水が屋根まで及んだ場合は土が溶け出して屋根が浮き、屋根に上った田中家の人々を助ける仕組みになります。洪水で流された人々を救助したり、孤立した家に食料を運んだりする平型舟も、藍納屋の軒先に吊られています。

吉野川が洪水のたびに運んだ砂の混じった肥沃な土壌は、藍づくりには適していました。また、藍の発酵には大量の水が必要で、吉野川は豊富な地下水に恵まれていたことも藍づくりを助けました。田中家の藍の出荷先は藩命により大分県と決められており、藍は飯尾川、神宮入江川から積み出され、吉野川を通って鳴門海峡から瀬戸内海、豊後水道を経て大分に運ばれていました。

17代当主の田中誠さん（68）は「田中家は代々、吉野川の洪水と闘いながら、川のもたらす恵みも享受して藍づくりを続けてきました」と穏やかに話します。先祖伝来の家屋敷を守り抜いていくご苦労は並大抵ではありません。

昨春には2か月かけて主屋の茅葺屋根が吹き替えられ、当時のたたずまいがよみがえりました。田中家住宅には、日本三大の暴れ川として知られた吉野川と共存してきた人間の知恵が、随所に詰まっています。

町おこし経済活動

吉野川に生きる会に入会して

徳島県阿波市議会
議員　藤川豊治

4年前の11月末に石川県羽咋市の〝スーパー公務員〟高野氏をフジテレビのBSで知り、直接お目にかかりたいと思い、コンタクトを取り、会うことができました。ローマ法王にお米を献上した男、限界集落を解消した男、という異名がある他、NASA、ロシアから宇宙衛星を借りてきて宇宙科学館を作り、年間4万人近い観光客を呼ぶという、数々の企画を次から次に成功させています。

高野氏に会う場所は、木村秋則氏の自然農法の体験発表会でした。そこでは自然農法、稲作りの体験を発表していました。その後徳島で木村秋則氏を迎えて自然農法を行っているという吉野川に生きる会を徳島新聞の記事で知り、入会しました。そして現在、稲の自然栽培に取り組んでいますが、大変難しく、成功しているとはとても言えません。勝浦町の新開さんは昨年自然農法によるサツマイモがテレビ局で全国に紹介されて話題を呼びました。3年前に岡山での自然栽培の体験発表会に参加し、岡山の自然栽培を見てきましたが、なかなかうまくいっているようです。

私は2年余りの農業で、お米と野菜を作っていますが、現代の農業は化学肥料と農薬を使った農法です。これは人間の体によくないのではと私は疑問を持っています。奇跡のリンゴの木村秋則氏の本を読み、また岡山でのご本人の講演会も聞き、直接お話を伺う機会も得ました。そして3年前から私も自然農法に取り組んでいますが、なかなかうまくいっていません。

今回、吉野川に生きる会のベースになる基地として、巡礼の駅が川島町にできたことは、今後への大きなステップになると考えます。ここを拠点として、吉野川の自然を生かした環境、土地、文化、風土をもっともっと全国に発信すべきです。高知県の四万十川が全国に紹介され、発信されているように、吉野川の良さを、現在大歩危のアウトドアを全国に発信している人たちなどとも連携して、吉野川を大いに全国に発信すべきと考えます。そして、徳島県にもっともっと自然栽培を広めて、ブランド化を目指すべきと考えています。

今、日本は少子・高齢化による人口減少が進んでいます。このような中でこそ、ピンチを逆手にとり、全国に誇れる吉野川と自然農法で全国に発信し、町おこし・地域おこしを目指そうではありませんか。今、鳥取県では人口減少を食い止めるため、人口の１％戦略が人気を呼んでいます。田舎は田舎の力で都会の人を呼び込み、人口減少に歯止めをかけています。それらに学び、地域おこしを始めましょう。

吉野川を思う

株式会社森乃葉
葉田美知子

阿波の徳島に住み続け94歳で天国に旅立った姑がいつも言っていました。「徳島はほんまにええ所じゃ。テレビのニュース見たら日本各地で災害やらいっぱい出よる。台風、雪の被害、噴火等々自然災害が絶えんけんど、徳島は自然災害が少ないし、食べるもんは美味しいいし、こんなええ所はない」。住めば都と言って、どの人もそれぞれ自分の住む街を愛して暮らしていると思うけど、自分の住む街や自然に対してそんな風に感謝の気持ちでもって住めた姑は素敵な人だったと思います。

徳島の自然の美しさのひとつに吉野川があります。いつも満々と水をたたえ、ゆったりと流れゆくその様子は、住んでいる私たちの心を癒してくれます。普段生活をしていると当たり前のように感じてしまうのですが旅をして帰ってきた時などに、吉野川の風景を見るとこんな豊かな自然の中で住んでいるのだという実感が湧いてきます。

私が小学生だった頃、今の吉野川市（その当時は麻植郡川島町）に住んでいました。夏になると学校にはプールがないので子どもたちだけで吉野川に泳ぎに行きました。腰に紐を巻き先に20センチくらいの竹を尻尾のように垂らしていくという防衛策のみで許可が下りていました。溺れたら浮いた竹を引っ張ると助けられるという発想だったのでしょう。家から吉野川に行く道中、畑のあぜ道の草いきは今でもその匂いを覚えています。吉野川で遊んだ時の澄んだ水の色と感触、そしてスカートで稚魚を追い込んですくったこと、どれも五感で感じた感触はいくつになっても忘れない思い出となっています。

昔々の吉野川は堤防もなく川上から流れてきた水と土砂で何回も何回も家や田畑が被害にあって大切なものをたくさん失った事でしょう。またそのお陰で田畑もよく肥えた土壌に恵まれ良い作物が収穫できるという循環があったのでしょう。ですが、今は先人たちがそんな洪水のある生活を乗り越えようとした証として立派な堤防が延々と続いています。そして川には橋がいくつも架けられました。

橋の建設は40年から50年で驚くほど増え、対岸に渡るのが非常に便利になりました。一番最近にできた橋は吉野川河口に架けられたしらさぎ大橋で全長約4キロと長くて景色も抜群です。ジョギングする人をよく見かけ、あっという間に生活に溶け込んでいます。そして西へ西へと堤防を車で走らせると眼下には河川敷を利用した田畑あり、グラウンドがあり、そこには生活が営まれている阿波の魂を感じます。岸辺には四季折々の雑草が生え、特に春には黄色いじゅうたんを敷き詰めたように菜の花が群生し、阿波の徳島吉野川のシンボルのようになっています。

森乃葉は平成26年に創立致しました。そしてその年の8月に『指定就労継続支援A型』の認可をいただきました。これはどういうものかというと、障がい者の方に働く場を提供し、文字通り就労の支援をしていくというものです。大好きな農業を働く場所に設定し、障害のある彼らがそこで働いて自立する手助けをするというものです。自然を相手に彼らと共に生きようと願って始めています。希望は大きく夢膨らんでの出発です。農作業の中では除草剤は使わないですべて草刈機で除草しよう、草刈機が使えない人は鎌で草を刈ろうということから始めています。そして化学肥料を使わずに有機肥料を使うなど、自然に沿ったことを考えながら仕事を進めています。目標は生きようとする作物の力を援助していく自然栽培にたどり着くことです。作物だけでなく、私たち生きている人間もみんな生きよう伸びようと一生懸命になっています。作物も、障がい者も、健康な人も、みんな同じです。知恵と工夫で吉野川のように生きたい、吉野川のような会社を作りたいと思っています。

どの圃場に行くにも旧吉野川の土手を通っていきます。大雨の後の荒々しい流れの時も、雨の少ない時の穏やかな流れの時も、川はありのままの姿で私たちを応援してくれているように感じています。

市場飛行場を語り継ごう

市場飛行場を語り継ぐ会
会長　二條　和明

戦後70年の歳月が過ぎ去り大東亜戦争体験が今や風化しているような気がする此の昨今。生き証人と言われている方々も今や90歳前後の高齢に達しその記憶も薄らいできています。

こうした中、海軍の飛行場が此の市場町に存在したことを、後世に語り継いでいこうと、平成22年5月に会員の高齢化と共に休眠状態であった「市場飛行場立ち退きの会」会長北岡忠氏（元学徒動員　陸軍軍医　家屋接収された方）、同副会長後藤田茂明氏（元海軍兵士　家屋取り壊し）、事務局担当者大塚唯士氏（元勤労学徒　戦後50年時に市場飛行場建設時の様子や体験談を関係者に綿密調査し、一冊の本「白菊と彩雲の軌跡」を自費出版した）、そして私との4名で、大塚氏を会長に、私を副会長に、北岡・後藤田氏を顧問とし「市場飛行場を語り継ぐ会」が結成され今年で6回目（3年目より会長職に）の講演会を8月9日に阿波市市場図書館に多数の来賓者・聴衆者をお招きし開催しました。

今回は次の三名の方々に戦争体験を語って頂きました。

川野和一氏は、8月15日詔勅（玉音放送）があった日の夕刻、宇垣纏中将率いる最後の神風特別攻撃隊に参加した唯一の生存者です。

佐藤友康氏は、旧制中学在学中に勤労奉仕として飛行場建設に動員された方です。

森雪子氏は、夫を沖縄戦で亡くし、また家屋が滑走路予定地のため自ら取り壊し作業に従事された方です。

市場飛行場とは、昭和20年3月末に突如として地域住民が町役場を通じ警察署に呼び出され、憲兵立ち合いの下簡単な説明が行われたのみで、有無も言わせず強制的に承諾書に押印させられ、その上1週間以内に立ち退くように命令されました。滑走路上の家屋33戸は解体撤去できなければ引き倒し焼却処分にする。接収（明け渡し）家屋87戸という中で設営された飛行場なのです。

寝耳に水の立ち退き命令を受けた住民は周章狼狽したものの、すぐさま家族総がかりで、或いは人夫を雇い家屋の取り壊しや、立ち退き或いは疎開先を求めることに明け暮れたものでした。そして滑走路予定地に撤去できずに残された10件余りの家屋は引き倒され焼却処分となりました。

基地建設には、海軍設営部隊のほか、在郷軍人、動員学生、青年団員、或いは朝鮮出身者の人夫などがツルハシ、スコップ等で掘り起こした土砂をモッコ等で運び、手押しトロッコに入れ運んだものでした。

突貫工事の中、5月27日には一番機が飛来し、6月には練習機白菊、終戦間際には偵察機彩雲陸攻機なども配備され、毎日夕暮れ時には白菊に250キロ爆弾（模擬）2個を搭載した飛行訓練が繰り返し行われていました。

滑走路に接する南北2～3百メートルの土地は耕作が認められていましたが、立ち退きにあった住民は疎開先からいちいち鑑札を見せて田畑の耕作に通わねばならず、関係者の生活は誠に過酷なものでした。

　そして、敗戦までには1300メートルの滑走路が完成していました。中には、8月に入り取り壊された家屋も有りましたが拡張工事は全く行われず誠に気の毒な方々もいました。

　しかし詔勅（玉音放送）が放送された日も訓練があり、また翌日未明には高知沖に米機動部隊接近の情報（誤報）の下、出撃準備の命令が出され、正にてんやわんやしたものでした。

　いざ敗戦と解かると基地内は騒然となり、飛行隊員はすぐさま郷里に帰るよう命令が下ったが残務整理に残る兵士、軍事物資を配給され陸路で帰る兵士、接収された家屋に帰る住民など混乱を極めた状態でした。中には手りゅう弾倉庫にされた納屋を爆破処分され母屋も類焼された気の毒な方もいました。

　進駐軍（GHQ豪州軍）により金清の山腹に貯蔵されていた250キロ爆弾を爆破処理するために避難させられた住民もいました。しかし町当局の必死の交渉の結果爆破は中止され海洋投棄となりました。

ところで何といっても最大の課題は滑走路を含め接収された家屋を元の持ち主に払下げしてもらう事でした。

飛行場は大蔵省の管轄になっており、その交渉は関係者の大変な労力と多額の経費歳月を要したものでした。

また、農地への復元作業、家屋の建設等などはインフレの進む中、立ち退き代金などは紙くず同然となり大変な出費を伴いました。復旧資金陳情も戦争協力行為と見なされ却下されてしまいました。

このように、立ち退き者の戦中戦後に蒙った精神的、肉体的、経済的苦難は誠に言語に絶する物でした。

今日の長閑な田園風景からは、想像できない出来事です。

また、大塚会長、北岡・後藤田両顧問もお亡くなりになっております。

最後になりましたが、時代も昭和から平成の世と移り変わり、今日飛行場跡も市場中学校のグランドのみとなりましたが、70年前のこの出来事を風化さすこと無く後世に語り継ぐ事が、これからも我が国が平和国家としての歩みのひ

とつと成ればとの思いで是からも活動して行きたいと考えています
　また、先の大戦で先陣での死屍、職域殉死、空襲や原爆の犠牲や災害に、そして引揚げ時の悲劇を蒙った数多くの方々への報いになればと思っています。

吉野川の恵みに感謝し、自然農法の道を進む

自然農園マユコベ
代表　河﨑　雅人

　自然農園マユコベは徳島市国府町で無肥料無農薬でのお米栽培に取り組んでいます、と言いたいところですが実は今年（２０１６年）が1年目。現在は作付けの計画を練っているところです。とにかくこだわっているのが無肥料無農薬であること、そして動物性堆肥を使わないという点です。なぜそこまで「使

わない」に固執するのか。それは私が自然農法に取り組もうと決めた理由にあります。

私の両親は農家ではありません。親戚にもそのような関係の人はいません。しかも私は野菜が好きでもありませんでした。しかし、大学を卒業する頃に、このまま世間でいう「きちんとした」生き方をしていくことでいいのだろうかという疑問がありました。そこでそれならば先にやってみたかったことをやってしまおうと思い、昔から興味があったアフリカに住むという挑戦に至りました。アフリカのどこかはわからないけれど、観光ではなく住むことにこだわりその手段を探しました。

結果、青年海外協力隊でアフリカ南東部のマラウイという国に赴任することとなり、職種は農業指導。指導といっても当然マラウイ人の方が現地の農業事情をよく知っているわけです。そんな中、私は自分の周りにいるこのマラウイ人たちと同じように鍬を振り、汗をかいて一緒に学んでいこうと決めました。その一緒に汗をかくという活動が、彼らにとって特に嬉しかったらしく何度も感謝してくれ、私に技術協力、異文化理解という有意義と楽しさに気づかせてくれました。そして、農業の尊さについても改めて考えることができたのです。

帰国してから、いつか彼らとまた一緒に生活できたらどんなに楽しい人生になるだろう、そしてまた農業で繋がりたいと思い、次の挑戦は日本で農業をすることだと決意しました。では、どんな農法でするのか。化学肥料も農薬も使用する一般的な農法か。それとも分析と計算をもとに有機物をふんだんに使用する有機農業か。あるいは自然農法か。私は一番シンプルだけど一番難しいと言われる自然農法を選びました。何がシンプルかと言うと、自然農法は基本的に外から何も持ち込みません。野菜の状態とそれを取り巻く環境をよく観察し、人間の驕りなく、本当に作物が求めているであろうことを想像します。

私はマラウイの人たちの事を考えると、教育の整っていないマラウイで土壌分析や高度な計算を行うことができるのか、化学肥料などが常に手に入るのか、といつも考えます。自然農法の根本である観察と想像なら誰でもできる。その上、彼らの長年蓄積された経験がそのまま生かせる。これこそが、マラウイのみならず世界中が求めるべき農法だろうと思い、まずは自分で自然農法を実践することにしました。

　縁あって徳島県で研修先が見つかり、農家としての独立も徳島市内となりました。徳島に来たことは偶然でしたが、野菜を栽培するにしても、稲作にしても、吉野川の恵みの大きさを感じずにはいられません。これほどまでに立派に、さらに美味しく育つ秘訣はやはり、長年にわたって吉野川が育んだ土地なのだろうと思います。自然農法のお米と野菜には他の農法のものとは一味違う、素材そのものに思わず感謝してしまうような独特な美味しさがあります。そのような食べ物を作ることをこれからもここ徳島で続けていきたい。そしてもっと多くの人に農業のことを知ってもらい、選択肢のひとつとしてもらいたい。自然農法をすることでこの素晴らしい環境を維持していく一助になることを願っています。

ふるさと美馬市創生への期待

脇町高校17回卒
井口　昭則

脇町高校の同級生「島勝さん」から久しぶりの電話を頂いて、彼が計画中の「ふるさと創生」活動に協力せよとの依頼で、具体的な計画も良く存じ上げないま ま、つたない文章を書き起こすことになりました。

思い起こせば、ふるさと脇町に生を受けてから脇町高校卒業までの18年間、人生の3割弱の期間に過ぎませんが、私が今あるのは「質実剛健」の校風の下、厳しい中にも暖かく見守り、育てて戴いた脇町高校（もちろん、小・中学校も）の先生方のおかげであり、そしてふるさと脇町の豊かな自然と素朴な人間味あふれる人たちのおかげであると感謝しています。

定期的な帰省は元より、高校の同窓会、クラブ活動ＯＢ会、ふるさと会、県人会等を通して何時もふるさととの接点を持っていますが、ふるさと創生という意味でそれほど貢献できているわけではありません。

今般の島勝さんが計画されている新たなふるさと創生活動に期待し、その活動の一部でもお手伝いできれば、何より嬉しいことです。

急激に少子高齢化が進む社会、益々過疎の進むふるさとの創生は、国を挙げて取り組むべき課題ですが、彼のようなアイデアが溢れ、その地に足をつけた地道な活動こそ、成功に至る道筋と確信しています。

団塊世代と言われる我々の大部分は社会の第一線から退き、これからは今までの経験を生かして、育ててもらった世間への恩返しの時と思っています。各界で活躍された人達の英知を集めれば、島勝さんの企画もさらに幅が広がり、もっともっと素晴らしい方向に向かうのではないかと期待しています。

戦後民主主義が行き詰まり、「おとなげない大人」と気配りのできない「自己中の若者」が増えるばかりの現在、「爆買い」のかの外国人かと見間違うほどの毎日の出来事、今一度世界に誇れる日本人、日本文化の再生に向けて、このふるさと創生事業がその一助となることを期待しています。

お陀仏の前日まで現役

いずみ社会保険労務士事務所
所長　坂本　登

時が過ぎるのは早く、70歳に王手をかけました。

私が生を享けたのは、徳島県阿波郡市場町（現在の阿波市市場町）で、中学校を卒業するまで我が家は清貧洗うがごとき生活状況であり、子供心に両親に願ったのはただひとつ、両親が元気でいてくれて中学だけは卒業させて欲しいと言うことでした。中学校を卒業後、大阪にあるコンプレッサーの会社に就職し、一年後名古屋工場に転勤して、17歳で自分の将来を考えた時、これから先〝中卒では潰しがきかないぞ〟と思い、夜間の高校・大学へと進み、かねてより考えていた社会保険労務士試験に無事合格しました。それを土産として故郷徳島に帰省し、昭和54年に社会保険労務士として独立開業しました。

資格とは、その資格を利用して地域の皆様方のお役に立つ事であると思います。その意味では私自身今まで健康に恵まれ、自分の能力範囲で目的は達成出来たと考えます。常々私が信条としていますのは、お陀仏になる前日まで現役でありたいということであり、日々そのことを願いつつ暮らしております。

今も現役バリバリ、人それぞれに考え方・生き方は異なりますが、少子高齢化の今、高齢者が人口の25％、３０００万人もおられます。痛切に感じることは、３０００万人の方々が一人でも二人でも多く、仕事の第一線で働いていただければということだけです。

高齢者の方が前向きに稼いだお金は、きっとこの国の今を支え、未来を支え、意義あるお金として使われるのではないでしょうか。ヘミングウエイの『老人と海』の本の中で年老いた身でマグロを釣り上げた漁師が港に持ち帰る途中、鮫に頭を残して食われてしまったと言う場面があります。それは高齢になれば置かれた現実は厳しいと教えていると考えます。

高齢者が働くという事は体力的にも、またすべてにおいて大変であると承知しておりますが、自分の心の持ち方で前途は開けます。また開かねばなりません。

私自身どれだけ自力で稼ぐことが出来るか、只今チャレンジ中です。

願わくば　〝高齢者よ大志を抱け〟ではないでしょうか。
公的年金にご自身の将来を託すか。託せるか。
公的年金プラス 自助努力による収入確保か。

［まだまだと思い過ごすそのうちに早死の道に向うものなり］
詠み人知らず

第4章

徳島で生まれ、
徳島で成し遂げる

チャレンジドと共に徳島型テレワークスタイルを確立する

特定非営利活動法人ジェイシーアイ・テレワーカーズ・ネットワーク
理事長　猪子和幸
徳島県鳴門市

共存・共栄する社会を実現するために

平成11年4月1日、障害者、高齢者など「社会生活・職業生活弱者」の自立をＩＣＴ技術の指導とテレワーク（在宅就業）の創出で支援することを目的としてジェイシーアイ・テレワーカーズ・ネットワーク（以下、ＪＣＩ）を創設しました。「互いの個性と人格と生き方を尊重し合い、共存・共栄する社会」こそが、人間社会の真の在り様であり「働くことを通して自己実現を図り、社会に貢献すること」がすべての人の権利であり義務であるとの強い想いがあったからです。

心身の障害、難病、高齢などのために、社会生活・職業生活の中で弱者の立場を強いられている人たちは『チャレンジド』と呼ばれています。このチャレンジドの社会的・経済的自立の実現を目指しているのです。

ＪＣＩはＩＣＴ（情報通信技術）の導入とインターネットの最大限の活用による新たなワークスタイルの確立を目指してきました。ＩＣＴとインターネットの活用により、「時間」と「場所」の制約から解放された今までにない働き方が可能になります。まさに、自立と継続、そして発展のためのソーシャルビジネスを実現できると考えたのです。東京でも大阪でもなく、この徳島の地でチャレンジドの力を最大限に発揮させるためには、このＩＣＴの活用が不可欠だったのです。

私は地元徳島県の高校で40年間教員を務めていました。その際に深く接していたのがコンピューターです。商業高校に勤務し、コンピューターとの関わり

啓蒙活動も盛んに実施

を深め、昭和47年1972年の徳島県情報処理教育センター創設にも関わりました。汎用機時代からパーソナルコンピューターの時代へと時代が移りかわる際にはセンター内の機種の入れ替えも担当しました。このように、長年、コンピューターと深い関わりを持っていたからか、コンピューターの可能性を人よりも身近に感じることができたのです。「もしかしたらコンピューターは従来の仕事環境を一変させる力を持っているのではないか？」と考え始めたのも、私がこのような環境で仕事をしていたからでしょう。そして、「仕事をしたくてもできない環境にある人たちに対して仕事を生み出すことができる」と確信するに至ったのです。

私がこの団体を創設した頃はテレワークという言葉が今ほど一般的ではありませんでした。しかし、今では徳島県にいながら東京の仕事も難なくこなせる。その逆も然り。いや、国内だけでなく海外との仕事も自在に行えます。

チームで仕事をする厳しさを教える

ＪＣＩの事業は主に以下の３種に大別できます。

①印刷物の作成
・印刷物の制作を受注し、入力、製版、印刷、製本までを分業で行います
・点字シール貼付名刺、リーフレット類、自分史等の冊子、横断幕まで対応できます

・年間約２００件の受注があります
・発注元は行政・県内外の企業・個人他、多様です
②ウェブサイト、システムの設計・開発
・依頼者との協議による基本設計から、Ｗｅｂサイトの制作、開設作業、開設後の維持
・更新作業、自主運営までの支援までトータルに行います
・アクセシビリティＪＩＳに完全対応します
・既存サイトのアクセシビリティ化診断・評価・修正業務が行えます

③データ入力
・データベース構築用データ、Ｗｅｂショッピング用コンテンツの作成、紙データの電子化、議事録などの音声データのテキスト変換などを行います
・すべての作業がネットワーク環境を活用したテレワークで行える「仕組み」を構築しています

ＪＣＩは原則として入会も退会も自由です。入会金もないし、会費もありません。ただし、私が入会者とは一人ひとり面接を行っています。仕事はホームページ上で公開され、自主申告制です。企業などから仕事をプロジェクト単位でＪＣＩが請け負い、その情報がＪＣＩ公式サイトの「受注情報コーナー」で公開されるのです（平成18年からウェブで情報公開開始）。プロジェクト毎にチームが結成されますが、チームリーダーは私が選出します。報酬はチーム内の各自の役割に応じて分配される仕組みです。

とはいえ、皆さんが疑問に思われるのは「このようなテレワーカー集団が企業からの仕事、ましてや大規模プロジェクトなどを遂行することができるのか？」という点です。その答えはイエスです。しかし、単なるテレワーカー集団では難しいでしょう。私はチームで仕事をすることを徹底的に教え込みます。これは机の上での勉強ではなかなか難しいものです。経験を積みながら体に染みこませていくしかありません。

例えば、私たちのプロジェクトチームは昔の体育会系の世界ではありませんが、「縦のルール」を明確にしています。リーダーとサブリーダーが配置され、そのもとで各メンバーが仕事にあたります。何かを決めるときは必ずリーダーに『「伺い」』をし、リーダーは「『決裁』」をするのです。チームリーダーに選出された人間には大きな責任が課せられるわけです。このような縦の関係の中での仕事に就いてもらいます。もちろん皆、緊張して仕事に臨みます。でも、仕事とはそういうものであるのです。単なる馴れ合いの組織はつくりたくなかったのです。

そのような厳しさを求めていても、やはりミスや納期遅延が発生します。もちろん、ミスをしたメンバーは、リーダーと共に、顧客のもとへに謝罪しにいきます。こんな例がありました。あるとき、大手企業から請け負った配送仕事で誤配のミスが発生しました。謝罪のためにリーダーとメンバーが２人で顧客を謝罪しにいく訪問したのです。リーダーは歩行が不自由なためで車椅子で移動しています。メンバーは知的障害を抱えた若者です。ところが、歩行が不自由なチームリーダーは顧客の前で車椅子から飛び降り土下座をして謝罪をしたのです。この姿を後からメンバーの若者は目に焼き付けるのです。「ミスをすると大変なことになる」と胸に刻み込みます。同時に仕事の責任や厳しさも身をもって経験することができます。

チャレンジドが社会的・経済的に自立するということは、言葉で言うほど易しいものではありません。「やはり障害者だから…」といった偏見を持たれることも数多くあります。しかし、その原因をつくっているのは実はチャレンジド側にあったのかもしれません。「障害があるから…」とどこか仕事に対して自ら甘えの構図を生み出していたのかもしれません。だからこそ私たちは仕事に対しては厳しさを求めるのです。冒頭で述べたように、ＩＣＴを最大限に活用できる今、仕事の成否を分けるのは自らを律する力だと思っています。

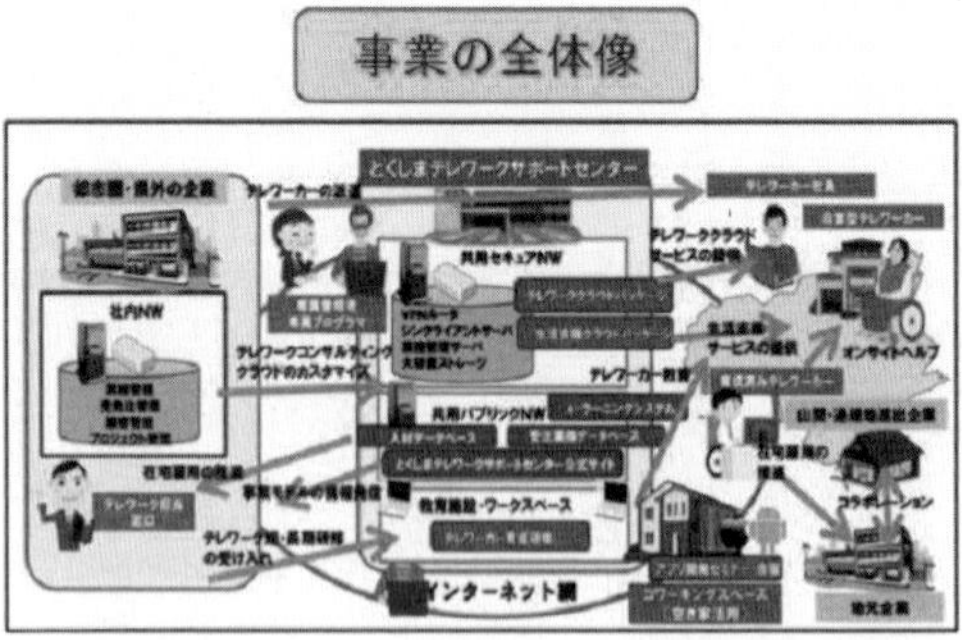

事業全体像

「とくしまテレワークサポートセンター」の実現へ向けて

平成27年、私たちは総務省が公募した「ふるさとテレワーク推進のための地域実証事業」に応募し、採択されました。この事業の概要を説明します。

・サテライトオフィス／テレワークセンターを拠点に、都市部の企業が人を移動
・都市部の仕事を地方でも変わらずにできる「ふるさとテレワーク」の環境を構築
・地域の実情や企業のニーズに応じた有効

なモデルを検証

・サテライトオフィス／テレワークセンターの拠点において、生活直結サービスを提供する機能について実証

つまり、徳島県で東京や大阪の仕事を普通にこなせることを実証しながら、都市部の企業や人を受け入れ、サテライトオフィスやテレワークセンターの拠点機能を地域ニーズに合わせ発展させていくことです。これは人口減に悩む地域の活性化を促すものです。

この事業では６つの実証プロジェクトを推進しました。

①とくしまテレワークサポートセンターの開設・運用

本事業の中核となるＩＣＴ基盤を包括した「とくしまテレワークサポートセンター」を徳島県鳴門市・旧川崎小学校３階に開設しました。そして「ＪＣＩ在宅就業支援センター」（東京都品川区のデータセンターに管理委託、ＶＰＮ

旧川崎小学校

コワーキンググループ

テレワーカー

ネットワーク・クラウド型サーバで構成されたコンピュータシステム）を移設し、システムのレベルアップ・スケールアップを実施しました。

②首都圏企業の業務と社員が「鳴門」に移動・移住

事業に参画いただいた株式会社インフォ・クリエイツ（東京）の本社機能（ウェブアクセシビリティ推進部門）を「とくしまテレワークサポートセンター）」に移し、社員が鳴門市に移住・長期滞在。「JCI在宅就業支援センター」の移設と新たなネットワークシステムの構築・センター管理担当者の育成を担当しました。本事業で構築したセンターの機能を活用し、「ウェブアクセシビリティ研修会の企画・運営」「ウェブアクセシビリティ検定試験」「ウェブアクセシビリティ教材の共同開発」等を実施し。効果的な人員育成を推進しました。

③「ICTクリエイティブ工房・鳴門」の開設・企業

鳴門市内の空き家を改修した後、コワーキングスペースとして開放し、現役

クリエイティブ工房

プログラマーによる研修・合宿形式の開発作業が可能な環境を整備。障害者や引きこもりの方々だからこそできる仕事を創出し、仕事を通しての社会貢献と経済的自立の実現（起業）を目標に運営しました。テレワーカー人材データベースと受注業務データベースを開発し、クライアント（企業・行政ほか）とテレワーカーとのジョブマッチングシステムを構築。

④「首都圏企業への在宅就業の拡充」

すでに首都圏企業2社に対して会員5名が雇用契約に基づいてテレワーカー社員として、

完全在宅で勤務をしています。本雇用契約では別途、雇用企業と私たちが「オンサイトヘルプ契約」を結び、テレワーカーの業務をテレワーク経験の長いテレワーカーが現地サポート要員として遠隔地社員の業務をサポートすることで安定した業務遂行に貢献しています。

⑤「とくしまテレワークサポートセンター」によるテレワークサポート事業の実証

○「テレワーク総合支援窓口」

テレワークに関心があり、将来的にテレワークを導入したいと希望する企業からの相談を受付け、「コンサルティングサービス」として「現状調査」「社内ルール作成」「ワークフロー・ビジネスプロセスの見直

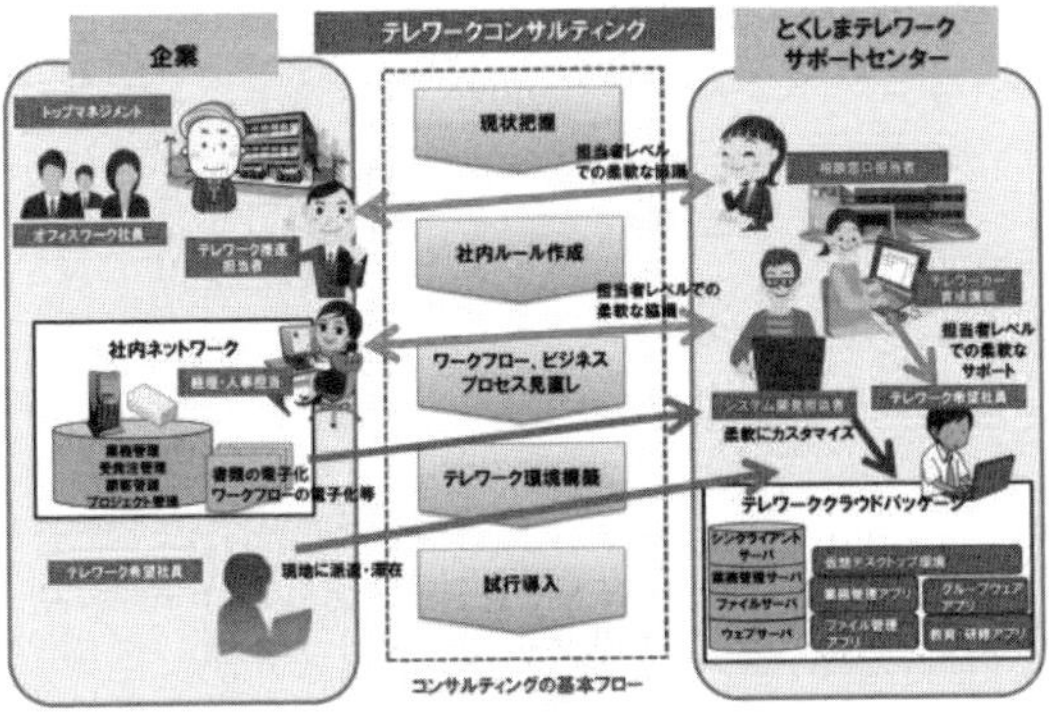

テレワークコンサルティングの流れ

し案作成」「テレワーク環境構築」「試行導入」の一連の支援を行います。

○「教育施設」

現役テレワーカーによるテレワーカー育成講習会を開催し、県内外からのテレワーカー希望者を受け入れます。講習会の内容は並行して運用する「e-ラーニングシステム」にも教材登録し、時間と場所に制約されない学習環境の整備を実現。

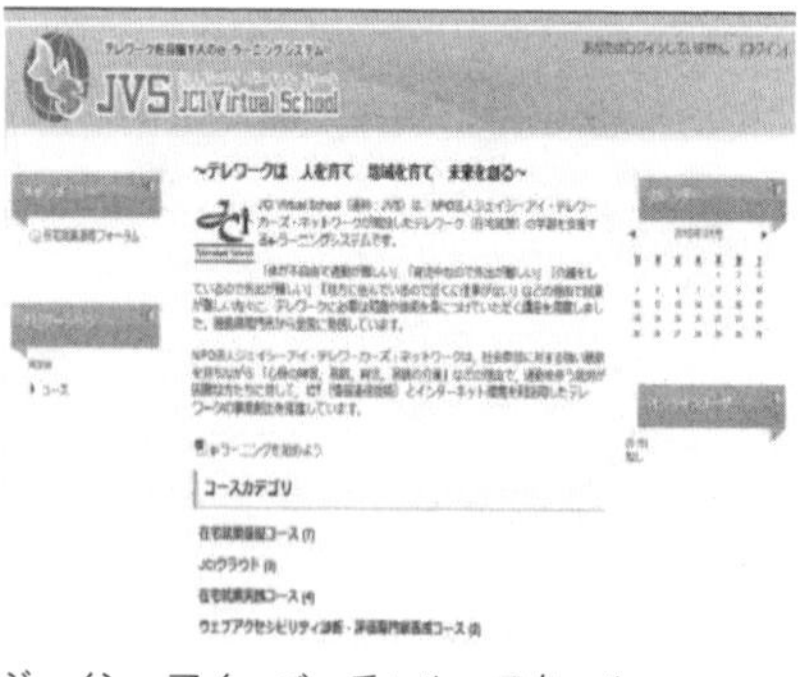

ジェイシーアイ・バーチャル・スクール

○「コワーキングスペース」

鳴門市内の空き家を活用し、県外企業の社員が短期滞在。自社の仕事をテレワークで実施する実証の場として運用。

○「ジョブマッチング機能」

「テレワーカー人材データベース」「受注業務管理システム」はテレワークに関心を持つ企業などがテレワークの好事例を容易に参照。

⑥徳島型テレワークの創出

徳島県の山間・過疎地に進出している都市圏のＩＴ企業と地元企業とがコラボレーションする機会を設けて、ビジネスノウハウを共有する場を創出。

「とくしまテレワークサポートセン

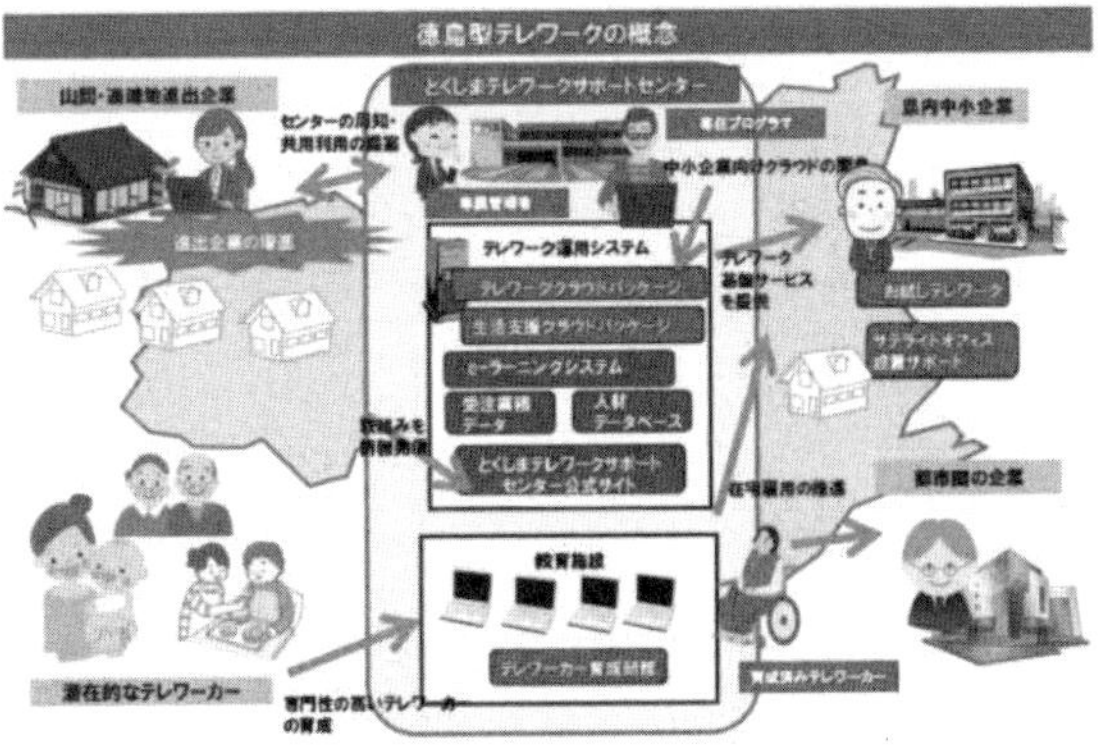

徳島型テレワークの概念

ター」のICT・人的資源を活用した「お試しテレワークプログラム」「サテライトオフィス環境の提供」を実施し、首都圏企業の誘致を推進しています。県内の中小企業を対象にテレワークに関する聞き取り調査を実施。中小企業がテレワークを導入するための課題と対応策について検討しました。上記の調査結果を踏まえ、必要に応じ。

テレワーククラウドパッケージのカスタマイズを実施しています。

⑦生活支援クラウドの開発とサービスの実証

県内既存の生活直結ウェブサービスを活用した「生活支援クラウドポータルサイト」を開発し、長期滞在・移住するテレワーカーの生活支援を実現。情報検索・抽出クローラーを独自に開発し、上記ポータルサイトの心臓部として稼働させました。提供する生活支援の区分については「くらし情報」「観光情報」「子育て支援情報」「防災情報」「教育情報」「医療情報」「住まい情報」に対応し、テレワーカー各自が必要な情報のみマイページとして保存・登録できるようにしています。

本事業はさまざまな方面へ波及効果をもたらしたと考えています。県内企業がテレワークを導入するキッカケとなり、県外企業も徳島県でのテレワーク実証実験に参画してもらい、その利便性を実感していただけたと思う。本書の共著者でもある株式会社ブレインワークスとも電子書籍制作テレワークプロジェクトの協議をスタートさせることもできました。数多くの成果と共に、徳島県におけるテレワーク推進に向けて、各事業をさらに推進させていく予定です。

未来のライフスタイル、ワークスタイルを徳島から全国へ

平成27年、一般社団法人日本テレワーク協会が企業・団体におけるテレワークの一層の普及促進を目的に実施している「テレワーク推進賞」の奨励賞を受賞しました。同年3月には徳島県内にて人権尊重フォーラムを開催しました。

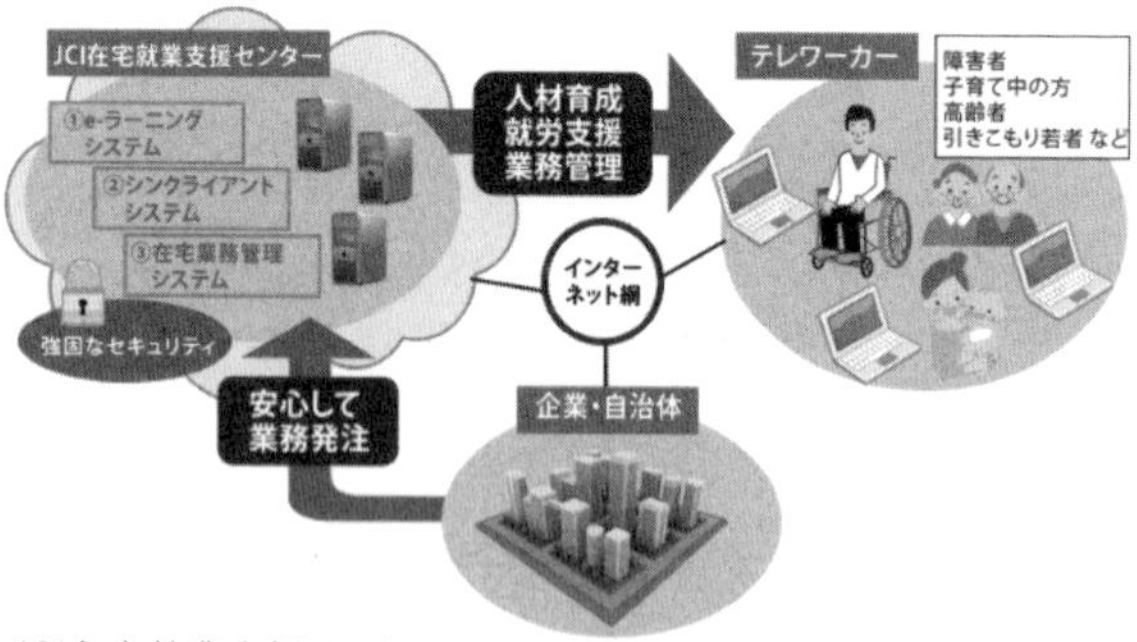

JCI在宅就業支援センター

また、2016年、徳島県地域創生人材育成事業の一環でテレワーカー育成のためのEラーニング講座も開講しています。DTP、ウェブ、電子書籍などの技術習得を支援しています。テレワーカーのパソコン環境に依存しないシンクライアントシステムの整備、業務の受発注などの一連業務を管理する在宅業務管理システムなどが私たちのテレワーク業務を支えています。これらシステムは『JCI在宅就業支援センター』と呼ばれ、平成22年度末に「地域雇用創造ICT絆プロジェクト」(総務省)で構築したものです。

組織においても現在はメディア制作部、

システムデザイン部、エデュケーション部、パソコン要約筆記部、情報発信部の各事業部門がそれぞれ事業を創出しています。

私自身、障害者だからできる仕事があると確信していることが私の信念でもあります。仕事は与えられるものではないと思っています。だからこそ、自分たちで創りだしていくことが大切なのです。悲観的にも卑屈になる必要もなく、これからもチャレンジドが自立できる未来のライフスタイル、ワークスタイルを徳島県から全国に発信していきたいと思います。

おわりに

本稿の最後に、「チャレンジド」の社会的・経済的自立を標榜する私の活動の共通意識・目標を皆さんにお伝えしたいと思います。

①「退路を断って、前にのみ，道を拓く覚悟の共有」が活動の原動力（現在、

会員の90%超がチャレンジドです)

②チャレンジドたちが主体的に運営する「複合的な経営体」の創設

③「ソーシャルビジネスを行うNPO法人としての自覚」
私は「ソーシャルビジネスは自らが第一義として掲げる「社会貢献の理念」に適わぬオファーは潔く拒否し、経済的に自立・継続・発展する事業体であると理解しています

④「テレワーク」を「次世代をささえる最も理想的な就労形態」とと考え、すべての働く人たちのための先進事例を開拓していると自負しています

⑤「テレワーク・テレワーカー」の世界は地理的な境界とは次元の違うバーチャルな空間に存在します。昨今, 私たちと協業している仲間たちは北海道・東

京・大阪・四国各県・九州各県に及んでいます

第5章

徳島をつなぐ、
徳島とつなぐ

「巡礼の駅」への思い

株式会社ジーアップキャリアセンター
代表取締役　加賀　博

２０１５年は弘法大師空海が高野山に真言密教の根本道場を開創して１２００年を迎え、記念すべき年でした。この記念すべき年に巡礼の駅1号店を阿波の国（徳島県）すなわち「発心の地」にオープンさせていただくことは感謝の念に堪えません。

四国八十八ヶ所お遍路は、空海が我々に悩める庶民と共に同行二人として「南無大師遍照金剛」と呼べばいつでも一緒になって人生を歩み、どんなことでもサポートしてくれると言った巡礼の道です。今までにどれだけの人々が四国巡

巡礼の駅

礼で救われ、生きる力をいただいたか、その数は計り知れません。

四国ではこうしたお遍路さんに対し「お接待」と呼ばれる思いやりのサポート、例えば宿を貸したり食事を提供したり、途中体を悪くした人を看護したり、亡くなった人を弔ったりしてきました。こうした四国の人々の慈悲のある行為があったおかげで今日まで四国八十八ヶ所お遍路が続いているといえます。「巡礼の駅」の思いは少しでもこうした「思いやりの心」を引き継ぎ、巡礼の駅に来店される方にできる限りのことを提供できればと思っています。

２０２０年の東京オリンピック・パラリンピックに向けて多くの海外からの来訪者が予想され、日本人のまごころのおもてなしでお迎えする計画が全国で企画されています。四国八十八か所お遍路も1200年の歴史を持つ日本人の巡礼の地として日本の誇りです。

そこで日本中、世界中に向けてこの存在意義と素晴らしさを案内し、一人でも多くの人々に四国八十八か所お遍路を体験、体感していただきたいと思います。巡礼の駅はこの機会にお遍路をされるすべての人々に対し、少しでもよいご接待ができるよう、またお役に立てるよう、発心の地（徳島県吉野川市）に設立オープンいたしました。

巡礼の駅ではお遍路で疲れた体と心を癒していただくよう、お食事、喫茶、お土産、特産品などを用意しております。また弘法大師空海の偉業をわかりやすい絵画と俳句を数百点展示し、より理解と感動を深めていただくよう美術館も用意しております。美術館内では写経や瞑想が自由に行え、空海の偉業歴のDVDもご覧いただけます。そして、四国八十八ヶ所お遍路は「行きも帰りも高野山」としてつながり、一緒の巡礼のルートです。「巡礼の駅」での活動が、世界遺産として認められる活動に少しでもお役に立てればと願っています。

巡礼の駅にある「カフェ聖」

いつも人で賑わっている

そこで今後の「巡礼の駅」の活動ですが、大きくふたつあります。ひとつは四国四県に「巡礼の駅」をオープンさせることです。それぞれ四県の地の特性を生かした支援を企画していく予定です。そしてふたつめとしてこの実現に向けて「現代高野聖の会」を設立し、内外問わず思いやりのある皆様に参加していただき、「同行二人」のすばらしさと「お接待」の大切さをみんなで企画し、新たな思いやりの和を築いていくことです。そのためにも少しでも多くの人々が平和で生きる力を大切にし、弘法大師空海の教え「生かせいのち」の実践を推進していきたいと思います。

数多くの貴重な展示物

加賀美術館の様子

吉野川を武器に『知られざる徳島』を世界へ伝える

株式会社ブレインワークス
代表取締役　近藤 昇

吉野川と共に育つ

徳島県で生まれ育ち、人生の折り返し地点はとうに過ぎた。私の人生で吉野川を意識しないときはなかった。18歳までは実際に吉野川と共に育ってきた。郷里を離れてからは、帰省の度に吉野川に再会し、その雄姿を眺めた。毎回見るたびに変化する雄大な川をしばし、たたずみ想いに耽ることが今でもある。

吉野川の河口の北岸に私の生家はある。北岸から吉野川ごしに見る眉山（びざん）はとにかく絶景で知られる。特に冬場がいい。夕日が吉野川の向こうに沈む光景は何度も写真に残したいと思う。私は今でも思わずシャッターを押してしまう。本当に美しい風景だ。

高校生のときの冬場の通学も思い出深い。吉野川の上流から冷たい冬の風が吹きつける。北岸から橋を渡り自転車で通学していたが、今でもその時体験した自然の厳しさが体に染みついている。夏場も同様。今では少なくなったようだが、私が小学生の頃は夏になる度に大型台風が襲来した。正直、子供にとって台風はなんだか嬉しい記憶ばかりだ。学校は休みになるし、普段経験できない遊びの体験ができるからだ。畑には水が溢れ、そこでよく泳いだものだ。台風の最中に、吉野川の堤防に登って濁流と大きくうねる川の流れを見ていると恐怖感とともに自然の凄みを体で感じていた。とはいえ、親のほうは大変だった。昔ながらの木造の母屋は強烈な台風の風でふき飛ばされる可能性があった。台風が接近する度に家の窓は風で破壊されないように木材で補強がされた。一番大変だったろうと思うのが、玄関の引き戸を内側から大きな丸太で支え、ふき飛ばないようにしていたことだ。徹夜で手で押さえていた親父の姿は今でも脳裏に焼きついている。このような田舎特有の経験則が私の人生に大きな影響を与えた。

仕事という機会を通じて、再び吉野川に深くかかわるようになったのは最近のことだ。今にして思えば、数年前までの私は吉野川の下流だけしか知らずに生きてきた。その事実をこの歳になり、気づくことができたのだからありがたい。大きな川と海（紀伊水道）の交わる河口の農村で生まれ育った私は特有の自然の雄大さや恐怖を学んできた。

ところが、山とはあまり縁がなかった。そのため川や海での遊びが中心だった。磯釣り、川遊び、牡蠣獲り、ハゼ釣りなど、思い出したらほとんどが川と海で遊んでいた。四六時中、海か川に触れていた。子供の頃、遠足などで吉野川の上流に出かけたことがあったように記憶している。その時は、まるで別世界だ。今でこそ、私は吉野川を上流から下流までひとつの川として認識できているが、子供の頃の私はそこまでものわかりが良くない。だから、下流と上流は別の世界としてとらえていた。

実家近くの吉野川沿いを走る

雄大な吉野川に落ちる夕陽

大学に通うため神戸に住み始めた私が吉野川の偉大さを改めて気づかされた経験がある。ひとり暮らし始めて最初の帰省のときだった。実家で飲んだ水道水の美味しさは今でも忘れることができない。「水が美味しいこととはこういうことなのか…」としばし呆然とした。さすがに今の実家の水はかつての美味しさは少しずつ失われているだろう。しかし、都会の水が不味いのは当時も今も変わらない。

昔の吉野川の水は本当に美味しかった。大塚製薬の「ポカリスエット」を生み出したのも吉野川の水だ。あの味はこれからも忘れることはないだろう

『知られざる徳島』をベトナムの地へ

人の縁とは不思議なものだ。徳島を出て約30年が経った。徳島とは帰省ぐらいしか縁がないだろうと思っていた。いや、誰もがそれが普通であるから、そんなことすら意識していなかった。ベトナム中心に東南アジアでのビジネスや日本での中小企業支援に明け暮れていたある時、徳島と再び深い付き合いが始まることになるとは想像すらしていなかった。

２０１２年６月のことである。ブレインワークスを中心にベトナムで約20年間、ビジネスを展開してきた私は経済産業省が推進しているクールジャパン戦略推進事業に応募することを決めた。そのときひらめいた企画がベトナムの商都ホーチミンで日本物産館を展開するというものだった。海外に向けて日本の魅力を発信する活動を展開するクールジャパン事業、日本の地方活性化を促進しようという主旨の公募だった。

地方活性化の仕事ですでにいくつかの地方自治体と付き合いはあったが、躊躇なく徳島を主役に選んだ。ちょうど公募の1年前に当社の自主事業としてベトナム・ホーチミンにて「ジャパンスタイルショップ」をオープンさせた。ジャパンスタイルとは単に商品だけではなく、文化やエンターティメントに限らず日本人のマネジメントなども総称した日本様式のコンテンツやサービスの総称として使用している。たとえば、日本人がタイで農業を手掛けて商品をつくる。これも立派なジャパンスタイルである。

当社のショップではオープンから若者向けのファッションやコスメなどの商品群に負けず劣らず、日本の地方の物産も展示販売しており、人気を博していることもつかんでいた。

ところが、そこには障壁があった。公募の企画書を仕上げる段になって、肝心の徳島とのリレーションをつくる必要があった。単に徳島出身というだけでは、あまりにも心許ない。

30年以上も離れていると地元の友人との付き合いも希薄になっていた。当然、ビジネス活動の縁は皆無だ。

そんなとき、吉野川の北岸の徳島市川内町で中学時代を共に過ごした同級生である吉田良氏と再開したのだ。この出会いも実に不思議だ。私の実弟は実家を引き継ぎ、今も親父の代からの「鳴門金時」の農業を営んでいる。この実弟と吉田氏が地元の会合でたまたま出会っていたのだ。私の弟が吉田氏に私がベトナムでビジネスをしていることを伝えた。すると久しぶりに会おうかとなった。すべてはこの時から始まった。このような巡りあわせの中で、徳島をベトナムのホーチミンへ初上陸させようということになったのである。とはいえ、自治体がすぐにふたつ返事でＯＫは出さない。特にその頃はベトナムに関心がある自治体などは皆無である。ベトナムの人気が過熱している今でこそ事情は変わってきたが、当時は未知の国であった。

企画書は色々と工夫の末、大枠はまとまった。経済産業省へ提出した企画の骨子は、『知られざる日本、知られざる徳島をベトナムへ』である。今でもこのキャッチコピーを使用して、日本企業のアジア進出の本質をお伝えしている。

ベトナムに限らず、特に東南アジアの人々は日本人が思う以上に、日本のことは知らない。これが現実である。特に当社が主戦場とするベトナム人は日本のことなどほとんどの人が知らなかった。今でこそ、ベトナムは日本企業にとってビジネスを行うにはとても有望な国のひとつになった。しかし、わずか4年前はベトナムを知る人は日本人もほとんどいなかった。ベトナム側も日本のことを知っている人も少なかった。

まして、日本の四国の徳島を知っている人など皆無であった。徳島は関西の台所と言われるほど農業に関しては競争力はとても強く、農業分野ではベトナム人が随分前から徳島で研修生などが多く働いていた。少なからずつながりはあったようだが、他の産業のつながりはほぼ皆無。ましてや、ベトナムの一般人の観光地として視界に入ることはまったくないと言っても過言ではなかった。

ベトナムでは、日本のことはほとんど知られていない。ならば、日本国内でも知名度が低い徳島をベトナムに広げてしまえば、徳島の知名度が上がり、徳島を知ることがきっかけで日本のファンが増える…。そして、いつか、日本を訪れる際、徳島にも足を運ぶようになるだろう…。そんなことを考えて企画を練りあげた。

採択されるかどうかは正直わからなかった。とはいえ、すでにホーチミンでは店をひとつ持っていたこともあり、自信はあった。

無事採択され約半年にわたって経済産業省の委託事業として、徳島を中心とする物産館とそれに連携する形で様々なイベントや現地での徳島や日本における告知活動を行った。徳島が誇る阿波踊りもホーチミンで実演した。本物の連の方々に現地へ赴いてもらい素晴らしいエンターテイメントを提供できたと思っている。鳴門金時も試験販売を行った。とても好評だった。徳島ラーメンやすだち。徳島の誇れるものは山ほどある。

ベトナム人に少しは徳島のことを伝えることができたと自負は少しはある。この活動は、色々と進化しながら今も続けている。

ベトナム・ホーチミンにおけるイベントで阿波踊りを披露

現地のベトナム人も生の阿波踊りに大興奮

改めて徳島の魅力、吉野川の素晴らしさを実感

徳島の川内町小松東という農村で生まれ育った私は農業の大切さを痛感している。吉野川河口の農村地帯を幼少期に過ごしているためか農業が体に染みついている。小学校・中学校時代は農業の手伝いが中心の生活だった。今にして、改めて吉野川と農業のかかわりにきづく。

吉野川は広大な川で大阪湾につながる紀伊水道に流れ込んでいる。吉野川付近は北岸と南岸で生活の様式が私の子供の頃は全然違っていた。南岸は徳島の中で都会と呼ばれる。北岸は農村地帯だ。吉野川の肥沃な水の恩恵で、吉野川の北岸に広がる農村は繁栄してきた。強い農業を吉野川が作りあげたともいえるだろう。

また漁業も盛んだった。子供心に一番印象に残っているのが海苔の養殖である。海で養殖している海苔を眺めるだけでも面白かったし、ときどき海で拝借

して食べた味も格別だった。川の水と海水がほどよく混ざりあった絶好の養殖場だったようだ。そして、海苔を加工する工場は当時は手作業。巻き寿司の海苔を見たら今でも海苔の加工の仕事をしていたおばさんたちの姿を思い出す。

建設という視点でも吉野川は記憶に残っている。吉野川には大きな橋が何本も架かっている。つい最近も私の実家のすぐ近くに新しい大きな橋ができた。計画によるとさらに海寄りにもうひとつ橋が架かるという。最大の狙いは「交通渋滞の緩和」である。大きな川は、両岸の生活様式に大きな隔たりをもたらす。この吉野川がそうだった。いつも、南岸の都会を北岸から眺めていた私にとっては大きな橋がいくつもできると、北岸と南岸のギャップがなくなるのは想像に難くない。実はそれはあまり嬉しくない部分が多い。やはり、田舎の良さが消えていくからだ。

私が小学生のころの農村は、バスも来なかったし、街頭もなかった。夜は真っ暗になったものだ。北岸に登ってみる南岸の煌々とした都会の明るさは私にとって別世界だった。台風の時の話はすでに述べたが、今、吉野川の護岸はものすごく強固なものになった。

昔のように、堤防決壊の心配はなくなった。しかし、そのおかげで風情は消え去った。そして交通量が劇的に増えた。小松海岸には海水浴場が復活し、冬場はサーファーで賑わうようになった。

私が子供の頃に過ごした田舎の風景は農村である以外はほとんど消えてしまった。一方、東南アジアでもいたるところで都市開発が進められている。大きな単位でなくても、田舎にも必要だからと道や橋をつくる。どんどん、田舎の風情が失われていく。日本はどこに行っても立派な道路がある。あるところでは牛しか歩いていない立派な道路もある。アジアで建設事業に関わっている私としては、田舎の良さを失ってほしくないと想っている。東南アジアやこれからの国は、日本を反面教師にするべきところも数多くあると思っている。

子供の頃、毎日のように吉野川に触れながら育った私だが、高校卒業と同時に都会の神戸に移り住んだ。農家の男3人兄弟の次男なのでこういう境遇も想像ができた。そんなわけで、30年近くお盆と暮れに徳島に帰るぐらいしか縁がなかった私は、実は徳島のこともほとんどわかっていなかった。経済産業省のクールジャパン事業に採択されたときも、「短時間で徳島をより知ることができるか」という一抹の不安がよぎった。

徳島に頻繁に通うようになると、人の縁とは不思議なもので、瞬く間につながっていく。昔から縁があった人との再会や、親戚関係からの付き合いの復活など、パズルのピースが埋まるように、徳島の人たちとの出会いが続いた。

そのような縁の中で、「NPO法人・吉野川に生きる会」への参加をいとこに提案され、迷うことなく参加することになった。吉野川の傍で生まれ、吉野川を毎日見ながら育った私には、あまりにもストレートな名称だ。断る理由などなかった。

吉野川に生きた私は、やはり体の中に吉野川が流れているのだと思う。その想いは、この会の存在を知った時、改めて気づかされたことだ。

吉野川河口に広がる小松海岸

子供の頃の原風景が今も残る

国内外で魅力を伝えていきたい

すでに本書でも紹介しているように「吉野川に生きる会」の活動は多方面に広がっている。巡礼の駅のオープン、徳島県の委託案件としてサテライトオフィスの運営も2015年10月からスタートした。このサテライトオフィスは、那賀郡の木頭地区にも拠点があり、現地のNPO法人「里業ランド木頭」と連携して、名産であるゆずを使った商品を中心に国内の都市部やベトナムのホーチミンにプロモーション活動をオンライン技術も駆使して実施している。すでに商品をヨーロッパにも販売しているというから驚きだ。

徳島県下では他にも、ヨーロッパや香港などのアジア市場に向けての海外販売展開の実績もある。私は、日本の外から日本を眺め、日本のことを考えることが多い。日本といえば、京都・東京・北海道・大阪など世界的に有名な場所が思い浮かぶ。しかし、徳島を知っている外国人はとても少ない。今、日本の地方は、どこもかしこも、海外からのインバウンド顧客の獲得に躍起だ。国の強烈なインバウンド強化の政策のもと、地方自治体も強気の観光客増大目標を掲げる。そんな中、吉野川に生きる会のメンバーでもあり、吉野川で育ってきた私としては、徳島だけでなく、四国代表としての吉野川がますますプレゼンスを発揮することを期待したい。海外から吉野川をめぐり、四国をめぐる。こんな観光地として、世界に知れ渡ることを実現したいと思っている。

紀伊水道の対岸の和歌山の高野山とのつながりも面白くなりそうだ。最近、仕事で紀ノ川にもいった。この紀ノ川と吉野川が日本で唯一東西に流れている川ということを知り、驚いた。これからのつながりにワクワクしている。

海外から日本を眺めることが多くなると、やはり、日本は素晴らしい国だと思う。何よりも美しい。都会の街並みも清潔で美しいが、日本の田舎には特に美しい場所がたくさんある。吉野川を外から改めて考えてみた時にこの川は単なる徳島にある川ではなく、四国の川でもなく、日本を代表する素晴らしい川だと実感する。これからも徳島の魅力、吉野川の魅力をありのまま世界に伝えていきたいと思っている。

〔著者プロフィール〕

特定非営利法人・吉野川に生きる会

2010 年 6 月に発足。同年 10 月に特定非営利法人となる。行動指針は「①自然破壊を行わない範囲で 1 次、2 次産業を結び新しい産業を興す②日本最古「阿波の歴史・文化」を学び、誇りを持つと共に活用し、観光産業を興す③高齢者の活躍の場をつくり、子育て世代を支援し、少子高齢化の進行を止め、潤いのある幸せな社会を創る」。『次世代のために、あなたは何を残して逝きますか？』をテーマに地元徳島県を中心に省エネ活動、ボランティア活動、イベント開催などを展開している。

ブレインワークス

創業以来、中小企業の経営支援を手掛け、約 20 年前よりベトナム・ホーチミンに拠点を設立し、日本とベトナム企業のビジネスマッチング事業を推進する。
2012 年、経済産業省のクールジャパン戦略推進事業に採択され、ベトナム・ホーチミンにて日本物産館事業を展開。徳島県、北海道の物産を展開する「日本物産館」をオープンし、さまざまなイベントやPR活動を展開した。
2015 年には徳島県からサテライトオフィス型テレワーク実証事業を受託。徳島現地と東京、そしてベトナムをネットワークで繋ぎ、さまざまなビジネス機会の創造を推進している。
ブレインワークス：http://www.bwg.co.jp

吉野川に生きる

ふるさと徳島を愛し、郷土に生きる人々の横顔

2016年7月31日〔初版第1刷発行〕

著　者　吉野川に生きる会／ブレインワークス
発行人　佐々木紀行
発行所　株式会社カナリアコミュニケーションズ
〒141-0031　東京都品川区西五反田6-2-7
ウエストサイド五反田ビル3F
TEL　03-5436-9701　FAX　03-3491-9699
http://www.canaria-book.com
印刷所　本郷印刷株式会社
装丁　田辺智子デザイン室

ISBN 978-4-7782-0362-7　C0095

カナリアコミュニケーションズの書籍ご案内

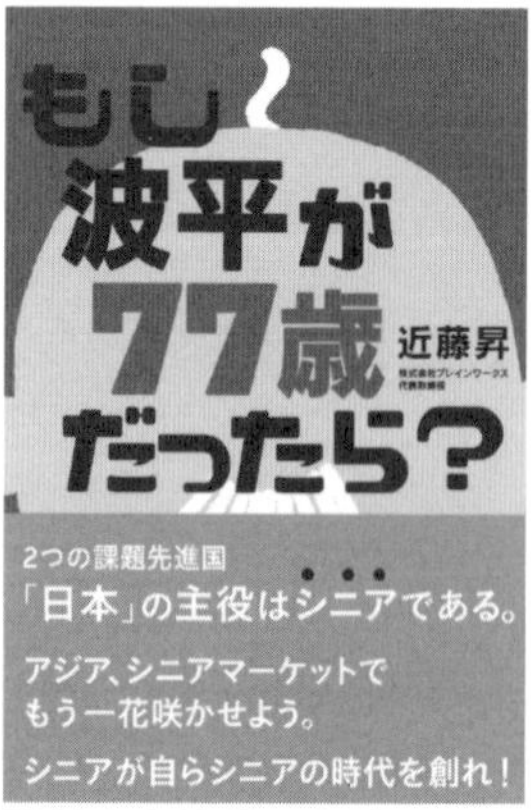

2016 年 1 月 15 日発刊
価格　1400 円（税別）
ISBN978-4-7782-0318-4

もし波平が７７歳だったら？

近藤　昇　著

2つの課題先進国「日本」の主役はシニアである。
アジア、シニアマーケットでもう一花咲かせよう。
シニアが自らシニアの時代を創れ！

2016 年 5 月 31 日発刊
価格　1400 円（税別）
ISBN978-4-7782-0359-7

大真面目に波瀾万丈人生
～シニアになっても直球勝負～

田中　和雄　著

自分の人生は自分でしか作れない。
新潟県山古志村から出て世界を駆け巡り、ミャンマーに行き着くまでの「振り返れば波瀾万丈の人生」から自分流の人生の作り方を読み解く！！

カナリアコミュニケーションズの書籍ご案内

2016 年 5 月 10 日発刊
価格　1500 円（税別）
ISBN978-4-7782-0334-4

ツクル論

三宅　創太　著

日本は今、大きな転換点を迎えようとしている…

ＩＣＴを駆使し、地域活性化や「“より良い社会”をツクル」をテーマに活動してきた筆者が語る、日本の新たな時代の官民連携のビジョンとは？

2010 年 2 月 29 日発刊
価格　1400 円（税別）
ISBN978-4-7782-0327-6

本音でミャンマー ～もうこの国の建前論はいらない～

寺井　融　著

うわべだけのミャンマー論はもういらない！

歯に衣着せぬ辛口で、ミャンマーの現実を正しく論じ、明日の展望や期待から危惧までを語り尽くす。

建前や綺麗事ではなく、本音でミャンマーを語る時期が来た。他では聞けない辛口のミャンマー論がここに登場！

カナリアコミュニケーションズの書籍ご案内

2015年11月30日発刊
価格　1200円（税別）
ISBN978-4-7782-0319-1

日本の未来を支える
プロ農家たち

一般社団法人アジアアグリビジネス研究会　編著

人口減少化が進み、国内市場はさらに縮小することが予想される日本の農業。衰退産業と思われるなかで、新しいビジネスモデルを目指して挑戦する農家にスポットライトを当て、これからの農業のあり方を問う。

2015年10月30日発刊
価格　1400円（税別）
ISBN978-4-7782-0317-7

観光立国革命
インバウンド3.0の衝撃！持続可能なニッポン創生のための処方箋

中村　好明　著

空前絶後のインバウンド時代を迎えた日本がこれから生き残るために取るべき戦略とは？

「お・も・て・な・し」だけに頼らない、サスティナブルな観光立国実現のために、日本観光業界は何をすべきか。

官民一体となり、過去最大のインバウンド時代を乗り越える秘訣とは。

インバウンドの第一人者が送る、訪日観光業に衝撃をもたらす一冊。